Supplément au n° 120 du *Républicain de la Moselle*.

COUR D'ASSISES DE LA MOSELLE.

PROCÈS

DES

ACCUSÉS DE STRASBOURG.

Présidence du citoyen P. GRAND, conseiller.

Audience du 17 Octobre 1849.

L'audience était annoncée pour neuf heures du matin. A neuf heures, le citoyen président vient annoncer que le citoyen Sérot, avocat-général, venait d'être frappé par une grande douleur de famille ; que sa mère, atteinte du choléra, allait peut-être rendre le dernier soupir. En conséquence, le citoyen président prévient le jury et les témoins, que l'audience est renvoyée à dix heures précises.

Quelques minutes après, le citoyen président rentre dans la salle pour réparer un oubli involontaire : il a omis de comprendre les membres du barreau dans la désignation des citoyens auxquels s'adressait son allocution.

A dix heures précises, les portes sont ouvertes au public, qui se précipite dans la salle d'audience.

Les accusés sont introduits, accompagnés par des gardes de la gendarmerie départementale. Leur tenue est pleine de dignité, les assistants remarquent avec le plus vif intérêt, le calme et la sérénité de leur maintien.

Ils prennent place dans l'ordre suivant, au banc des accusés qui a subi quelques modifications pour les recevoir :

Les citoyens : Küss, de Toulgoët, Dannbach, Laboulaye, J. Erckmann et Silberling. Les avocats prennent place au banc de la défense. Ce sont MM. Jules Favre, de Paris, pour l'accusé Küss ; Louis, de Nancy, pour l'accusé Toulgoët; Pistor, de Metz, pour l'accusé Dannbach; Fleury, de Nancy, pour les accusés Laboulaye et Erckmann, Engelhard, de Strasbourg, pour l'accusé Silberling.

A dix heures cinq minutes un huissier annonce la cour.

Le procureur-général Rief prend place au siége du ministère public qui devait être occupé par le citoyen Sérot, avocat-général.

Le cit. président procède à l'appel des jurés.

Le cit. Dosse demande à être excusé sous le prétexte qu'en sa qualité d'adjudicataire des fourrages militaires, il a des occupations qui l'empêchent de remplir les fonctions de juré. Sur les conclusions du procureur-général, la cour, après en avoir délibéré, n'admet pas l'excuse présentée par le citoyen Dosse ; en conséquence, son nom est maintenu sur la liste du jury.

La cour, vu la durée possible des débats qui vont s'ouvrir, décide que M. le conseiller Huot sera adjoint comme assesseur pour remplacer, s'il y avait lieu, l'un des citoyens assesseurs siégeant.

La cour décide en outre que deux jurés supplémentaires seront également désignés.

Le président annonce qu'on va procéder, en chambre des délibérations, au tirage du jury.

La cour entre en séance.

Le président procède à l'appel des accusés.

Le président au cit. Küss : accusé votre nom?

L'accusé (d'une voix haute et ferme), Emile Küss.

Le président. — Votre âge?

L'accusé. — 54 ans.

Le président. — Votre profession ?

L'accusé. — Professeur à la faculté de médecine de Strasbourg, membre du conseil-général du Bas-Rhin.

Le président. — Votre domicile?

L'accusé. — Strasbourg.

Le président. — Le lieu de votre naissance?

L'accusé. — Strasbourg.

Les autres accusés répondent aux mêmes questions, et tous d'une voix calme et fortement accentuée.

L'accusé Toulgoët: Auguste-Charles Legoazre...... de Toulgoët, 32 ans, propriétaire, ancien capitaine démissionnaire du 54ᵉ de ligne, adjudant-major de la garde nationale de Strasbourg, né à Quimper (Finistère), domicilié à Strasbourg.

L'accusé Dannbach : Philippe-Albert Dannbach, 30 ans, imprimeur typographe, né et domicilié à Strasbourg.

L'accusé Laboulaye : Auguste-Antoine de Laboulaye, 35 ans, professeur de mathématiques élémentaires au lycée de Strasbourg, né au Fort de France (Martinique), domicilié à Strasbourg.

L'accusé Erckmann : Jules Erckmann, 40 ans, négociant, né et domicilié à Strasbourg.

L'accusé Silberling : François-Edouard Silberling, 40 ans, agent d'affaires, né et domicilié à Strasbourg.

Après l'interrogatoire des accusés, le citoyen président énonce la formule du serment et les jurés, à l'appel de leurs noms, répondent : je le jure :

Le cit. président prend alors la parole et prononce l'allocution suivante :

« Messieurs les jurés,

« La loi me défère la mission de diriger ces débats et de vous rappeler les devoirs qu'elle vous impose à vous-même. »

La loi m'investit en outre d'un pouvoir discrétionnaire, dont je dois faire usage selon les impulsions de ma conscience et avec toute la fermeté dont je suis susceptible.

Je dois donc diriger les débats, mais les diriger ce n'est pas les entraver ; je m'efforcerai de faciliter par tous les moyens qui sont en mon pouvoir, tout ce qui sera de nature à faire ressortir l'innocence ou la culpabilité des accusés.

Les accusés doivent être rassurés sur les sentiments qui nous animent, et nous voulons qu'ils soient mis en possession de tous les moyens qui peuvent amener la découverte de la vérité.

Mais s'il est de mon devoir de ne pas entraver les débats, je ne dois pas non plus permettre qu'ils s'égarent, je ne souffrirai pas qu'un seul mot y soit prononcé, qui puisse attenter au respect que chacun doit aux lois et à la constitution.

En m'opposant à tous les excès, je saurai sauvegarder la société et la justice ; mais en m'acquittant de cette imposante mission, je saurai éviter aussi tout ce qui pourrait blesser les droits légitimes des accusés.

La loi m'attribue la police de l'audience, je vois dans cette attribution des devoirs pénibles : je les remplirai tous.

Dans une affaire récente, ces devoirs ont été rendus plus pénibles encore par l'esprit de parti. (Murmure dans l'auditoire). J'espère que de tels faits ne se renouvelleront pas ; mais s'ils devaient se renouveler, sachez-le bien, je saurai trouver des moyens qui atteindront les vrais coupables. Je le dis bien haut, dans un but qui sera compris par tout le monde, il ne sera toléré dans le temple de la justice, aucun mot, aucune manifestation, qui puissent blesser le respect qu'on lui doit ; de tels écarts constituent une profanation qui ne peut demeurer impunie. Je suis bien décidé à ne pas laisser énerver dans mes mains, le pouvoir que la loi me confère ; j'en userai selon ma conscience et pour la dignité de cette enceinte, dans l'intérêt de la justice et de la République.

Le public comprendra que la loi, la justice et les intérêts de la vérité que nous avons mission de rechercher exigent qu'il reste calme et silencieux.

Messieurs les jurés, vous avez juré d'agir selon votre conscience et vos devoirs vous sont tracés par la justice pour faire resplendir la vérité et garantir les droits de la société. Si les lois de l'humanité sont sacrées, celles de la justice ne le sont pas moins.

Si le législateur a établi qu'il y aurait une majorité de huit voix sur douze, c'est qu'il a compris qu'à côté des sentiments d'humanité si respectables à nos yeux, il y avait la justice qui doit être l'objet de votre sollicitude.

N'oubliez pas que vous avez ici pour mission de sauvegarder la liberté, que la loi est la garantie suprême de la liberté et de l'honneur ; mais votre serment nous est une assurance que votre conscience vous guidera.

Nous serons sourds à tous les bruits qui murmurent au dehors. On s'agite hors de cette enceinte, on voudrait agir sur nos sentiments, sur notre conscience. J'en ai fait moi-même l'expérience : Un organe de la presse m'a reproché avec peu de justice trop de bienveillance pour les accusés et pourtant j'ai agi envers eux suivant les inspirations les plus simples de l'humanité et dans les limites de l'article 615 du code d'instruction criminelle. Toutes les mesures que j'avais cru devoir prendre avaient, du reste, été sanctionnées par les agents de l'administration qui savent concilier leur devoir avec les égards que l'on doit à l'infortune.

Mais laissons là ces mauvaises passions ; faisons ce que nous devons et advienne que pourra.

Ne cherchons donc que la vérité ; votre magistrature populaire doit vous grandir, éloignez avec soin de vous toutes les influences politiques. Prenez bien soin que les questions politiques ne vous égarent pas ; mais je le sais, elles ne vous égareront pas ; vous saurez mettre de la justice dans la politique et non de la politique dans la justice.

Vous allez entendre la lecture de l'arrêt de renvoi et de l'acte d'accusation.

Le citoyen greffier donne lecture des pièces suivantes :

Arrêt de mise en accusation.

La cour d'appel de Colmar (chambres d'accusation et de police correctionnelle réunies), a rendu l'arrêt suivant :

Sur le rapport fait par M. Souët, procureur-général de la procédure instruite en exécution de l'arrêt d'évocation de la cour d'appel de Colmar en date du 5 juillet courant, contre les nommés : 1° Emile Küss, âgé de trente-huit ans, professeur à la faculté de médecine, né et domicilié à Strasbourg, détenu ; 2° Auguste-Charles-Marie-Legoazre de Toulgoët, âgé de 32 ans, ancien officier, né à Quimper (Finistère), domicilié à Strasbourg, détenu ; 3° Philippe-Albert Dannbach, âgé de trente ans, né et demeurant à Strasbourg, fugitif ; 4° Auguste-Antoine-Benoit-Genainville-Froc Laboulaye, âgé de trente-cinq ans, né au Fort-Royal (Martinique), professeur de mathématiques, domicilié à Strasbourg, fugitif ; 5° Maurice Engelhardt, avocat à Strasbourg, fugitif ; 6° Jules Erckmann, lieutenant secrétaire au conseil de discipline de la garde nationale de Strasbourg, y demeurant, fugitif ; 7° François-Joseph Schnepp, barbier, à Hagueneau, fugitif ; 8° François-Henri-Edouard Silberling, âgé de quarante ans, agent d'affaires, né et domicilié à Strasbourg, détenu ; 9° Jacques-Guillaume-Gustave Heck, âgé de quarante et un ans, pharmacien, né à Clébourg, domicilié à Bischwiller, non détenu ; 10° Louis Küchling, âgé de quarante ans, médecin à Kehl (Bade), détenu ; tous inculpés d'attentat ou complot ayant pour but de changer ou de détruire le gouvernement de la République et d'excitation à la guerre civile.

Il a été donné lecture des pièces du procès, qui ont été laissées sur le bureau.

Le ministère public y a également déposé ses réquisitions écrites et signées, tendantes 1° à la mise en accusation de tous les inculpés (à l'exception des nommés Engelhardt et Küchling, pour attentat ou complot, ayant pour but soit de changer ou de détruire le gouvernement de la République, soit d'exciter les citoyens à s'armer contre son autorité, soit enfin d'exciter la guerre civile, en portant les citoyens à s'armer les uns contre les autres, par application des articles 59, 60, 87, 89 et 91 du code pénal et 1er de la loi du 17 mai 1810.

2° Au non-lieu et à la cessation des poursuites, quant au nommé Engelhardt, et 5° à la disjonction de la cause du sieur Küchling, et s'est le ministère public retiré, ainsi que le greffier.

Attendu que des pièces de la procédure il résulte charges suffisantes contre lesdits Küss, Toulgoët, Dannbach, Laboulaye, Erckmann et Silberling d'avoir, le quatorze juin mil huit cent quarante-neuf, commis à Strasbourg un attentat ayant pour but de changer ou détruire le gouvernement de la République, soit d'exciter les citoyens à s'armer contre son autorité, soit enfin d'exciter la guerre civile en portant les citoyens à s'armer les uns contre les autres.

Que tout au moins il existe contre lesdits sieurs Küss, Toulgoët, Dannbach, Laboulaye, Erckmann et Silberling et contre le nommé Schnepp, susdits, charges suffisantes d'avoir, antérieurement au quatorze juin mil huit cent quarante-neuf et ledit jour 14 juin, formé un complot ayant pour but soit de changer ou de détruire le gouvernement de la République, soit d'exciter les citoyens à s'armer contre son autorité, soit enfin d'exciter la guerre civile en portant les citoyens à s'armer les uns contre les autres ; lequel complot a été suivi d'actes commis ou commencés pour en préparer l'exécution.

Et en outre contre Emile Küss, d'avoir, en qualité de gérant responsable du journal le *Démocrate du Rhin*, inséré dans le numéro 141 du 15 juin mil huit cent quarante-neuf, un article qui commence par ces mots : « La patrie est en danger ! » et qui se termine par ceux-ci : « Avec la montagne sera la loi, l'assemblée, la nation ! » et de s'être ainsi rendu complice des crimes ci-dessus spécifiés, en provoquant à les commettre.

Contre Emile Küss, d'avoir, comme gérant responsable du journal le *Démocrate du Rhin*, inséré dans le numéro 142 du seize juin mil huit cent quarante-neuf, un article commençant par ces mots : « Le peuple seul est souverain, » et finissant par ceux-ci : « Rallions-nous donc tous aux cris de Vive la Constitution ! Vive la République ! » et de s'être ainsi rendu complice des crimes ci-dessus spécifiés, en provoquant à les commettre.

Contre Toulgoët, d'être l'auteur d'un article livré par lui à la rédaction du journal le *Démocrate du Rhin*, commençant par ces mots : « La Constitution est violée ! » Et se terminant par ceux-ci : « Que le peuple l'entende, que les hommes qu'il a vu jusqu'ici combattre dans ses rangs ne le trahissent plus ; » et de s'être ainsi rendu complice des crimes ci-dessus spécifiés, en provoquant à les commettre.

Contre Küss, d'avoir comme gérant responsable, inséré cet article dans le journal le *Démocrate du Rhin*, n° 142 du seize juin mil huit cent quarante-neuf, et de s'être ainsi rendu complice des crimes ci-dessus spécifiés, en provoquant à les commettre.

Contre Laboulaye, d'être l'auteur d'un manuscrit livré par lui à l'impression, commençant par ces mots : « République française, » et finissant par ceux-ci : « Vive la République, le comité central démocratique du Bas-Rhin ; » et de s'être ainsi rendu complice des crimes ci-dessus spécifiés en provoquant à les commettre.

Contre Dannbach, de s'être rendu complice des crimes ci-dessus spécifiés, en provoquant à les commettre, par l'impression qu'il a fait faire chez lui des articles de journaux sus-mentionnés et du placard Laboulaye, ainsi que par l'apposition qu'il a fait faire du placard, dans les lieux publics.

Attendu que ces faits constituent des crimes prévus par les articles 59, 60, 87, 89, 91 du code pénal, art. 1er du 17 mai 1819.

Attendu qu'il n'existe pas charges suffisantes contre les nommés Maurice Engelhardt et Jacques-Guillaume-Gustave Heck, de s'être rendus co-auteurs ou complices des faits ci-dessus relatés.

Attendu, quant à Küchling, que les faits mis à sa charge n'ont aucun rapport avec ceux dont sont inculpés les sept autres prévenus, qu'il y a donc lieu de prononcer la disjonction, sauf à y statuer ultérieurement.

Par ces motifs,

La cour, sans s'arrêter à l'opposition formée par le procureur de la République à Strasbourg, à l'ordonnance de la chambre du conseil, en date du trois juillet courant, laquelle est déclarée non recevable, comme formée contre une décision purement préparatoire.

Déclare : qu'il n'y a lieu à suivre contre les inculpés Engelhardt et Heck (non détenus) à raison des faits ci-dessus spécifiés et ordonne la cessation des poursuites à leur encontre.

Prononce la disjonction de la procédure concernant Kuchling pour être statué ultérieurement sur ce qu'il appartiendra.

Ce faisant, déclare qu'il y a lieu à accusation contre les sus-nommés Küss, Toulgoët, Dannbach, Laboulaye, Erckmann, Silberling et Schnepp, à raison des faits mis à leur charge et ci-dessus spécifiés et qualifiés, et les renvoie en conséquence devant la cour d'assises du Bas-Rhin, pour y être jugés selon la loi.

Ordonne en conséquence que lesdits 1° Emile Küss, âgé de 58 ans, professeur à la faculté de médecine de Strasbourg, taille d'un mètre 80 centimètres, cheveux châtains, sourcils clairs, front haut, nez assez gros, yeux bruns, bouche moyenne, menton rond, visage oblong, détenu.

2° Toulgoët Augustin-Charles-Marie-Legoazre, âgé de trente-deux ans, ancien officier, demeurant à Strasbourg, né à Quimper, (Finistère), détenu, (le reste du signalement inconnu); 3° Philippe-Albert Dannbach, âgé de trente ans, imprimeur, demeurant à Strasbourg, fugitif (le restant du signalement inconnu); 4° Auguste-Antoine-Benoît-Génainville-Froc Laboulaye, âgé de trente-cinq ans, né au Fort-Royal (Martinique), professeur de mathématiques, demeurant à Strasbourg, fugitif (le restant du signalement inconnu); 5° Jules Erckmann, lieutenant-secrétaire du conseil de discipline de la garde nationale à Strasbourg, fugitif (le restant du signalement inconnu); 6° François-Joseph Schnepp, barbier, à Haguenau, fugitif (le restant du signalement inconnu); 7° François-Henri-Edouard Silberling, âgé de quarante ans, agent d'affaires, né et domicilié à Strasbourg, détenu, taille d'un mètre 70 centimètres, cheveux et sourcils bruns, front étroit, nez moyen, yeux bleus, bouche moyenne, menton pointu, visage maigre, seront pris au corps et conduits dans la maison de justice établie près la cour d'assises du Bas-Rhin, où ils seront écroués, que toutes les pièces du procès, ainsi que celles de conviction, s'il en existe, seront adressées au greffe de la cour susdite et que le présent arrêt sera exécuté à la diligence de M. le procureur-général.

Ainsi fait et jugé à la cour d'appel de Colmar, le vingt-huit juillet mil huit cent quarante-neuf, par les chambres réunies d'accusation et de police correctionnelle de la Cour.

Présents, MM. Dumoulin, président; Mueg, d'Arbaumont; Hamberger, Willig, Mégard, Dillemann, (conseiller instructeur délégué par l'arrêt d'évocation du cinq juillet courant); Dincher, Rigaud, Schultz et Huder, conseillers.

La chambre d'accusation composée de MM. Mueg, Willmann, Willig, Mégard et Dincher, conseillers; ces trois derniers appelés dans l'ordre du tableau pour compléter la chambre. La chambre correctionnelle composée de MM. Dumoulin, président; d'Arbaumont, Hamberger, Rigaud, Schultz et Huder, conseillers; qui tous ont signé la minute du présent arrêt avec le greffier.

En conséquence, la République mande et ordonne à tous huissiers, sur ce requis, de mettre ledit arrêt à exécution, aux procureurs généraux et aux procureurs de la République, près les tribunaux de première instance, d'y tenir la main; à tous commandants ou officiers de la force publique de prêter main-forte lorsqu'ils en seront légalement requis.

En foi de quoi le présent arrêt a été signé comme dit est.

Pour expédition conforme délivré à M. le procureur général, signé: Haffner, commis greffier.

Réquisitoire.

Le procureur-général de Colmar... expose.....

.... Le crime qui fait l'objet de l'accusation a été commis dans l'intérieur de la ville même de Strasbourg. Une grande partie de la population et la garde nationale presque tout entière a été entraînée sur les pas des accusés et a pris part aux actes d'exécution qui leur sont reprochés; d'une autre part, les accusés paraissent avoir agi sous l'influence des opinions qui ont présidé aux dernières élections du Bas-Rhin et qui ont amené à l'Assemblée nationale une représentation appartenant tout entière à l'opposition la plus avancée.

L'accusation soutient d'ailleurs que le crime poursuivi à Strasbourg n'est que la conséquence du crime de même nature poursuivi à Paris et dans lequel figurent plusieurs représentants élus dans le département du Bas-Rhin.

Dans ces circonstances, il paraît manifeste au soussigné que le jury du Bas-Rhin ne serait pas, pour le jugement de l'affaire dont il s'agit, dans les conditions d'indépendance indispensable au sincère accomplissement de ses devoirs, quoique la population et la garde nationale n'aient été qu'égarées, la vivacité et l'apparente unanimité des manifestations qui ont eu lieu, pourraient donner à penser aux jurés qu'ils délibèrent en présence et sous la menace de sentiments hostiles, cette crainte serait encore augmentée par le souvenir de la majorité considérable obtenue aux dernières élections par les amis des accusés, et elle leur permettrait d'autant moins de se prononcer dans un sens défavorable à ceux-ci, qu'à raison de la solidarité des principes, leur condamnation pourrait paraître un préjugé fâcheux pour la cause des représentants poursuivis à Paris.

Le soussigné pourrait ajouter à ces considérations que quelques-uns des prévenus, et notamment le sieur Küss, en sa qualité de médecin et de professeur à la faculté de Strasbourg, exerce une grande influence dans la ville; que d'ailleurs, sur les 1500 noms dont se compose la liste générale du jury, 345 appartiennent à la ville de Strasbourg, qu'il pourrait arriver par l'effet du tirage au sort que le hasard fît entrer ceux-ci en majorité dans la liste de service pour la session prochaine et qu'ils se trouveraient ainsi sous un autre rapport, soit comme membres de la garde nationale, soit à raison de leurs relations avec les accusés, dans un état de suspicion légitime.

En conséquence... renvoyer par devant telle cour d'assises qu'il vous plaira de désigner, autre que celle du Bas-Rhin.

Arrêt de la cour de cassation.

La cour renvoie devant la cour d'assises de la Moselle les accusés: Küss, Toulgoët, Dannbach, Laboulaye, Erckmann, Schnepp, Silberling.

10 août 1849. *(Suivent les signatures.)*

Acte d'accusation.

Le procureur-général en la cour d'appel de Colmar expose que par arrêt rendu par cette cour, chambre d'accusation, le vingt-huit juillet, mil huit cent quarante-neuf, il a été déclaré qu'il y a lieu d'accuser des crimes d'attentat et de complot les nommés : 1° Emile Küss, âgé de 38 ans, professeur à la faculté de médecine, né et domicilié à Strasbourg, détenu.

2° Augustin-Charles-Marie-Legoazre de Toulgoët, âgé de 32 ans, ancien officier, né à Quimper (Finistère), domicilié à Strasbourg, détenu.

3° Philippe-Albert Dannbach, âgé de 30 ans, imprimeur, né et demeurant à Strasbourg, fugitif.

4° Auguste-Antoine-Genainville-Froc Laboulaye, âgé de 35 ans, né au Fort-Royal (Martinique), professeur de mathématiques, domicilié à Strasbourg, fugitif.

5° Erckmann Jules, lieutenant secrétaire du conseil de discipline de la garde nationale de Strasbourg, négociant, membre de la chambre de commerce, y demeurant, fugitif.

6° François-Joseph Schnepp, barbier à Haguenau, fugitif.

7° François-Henry-Edouard Silberling, âgé de 40 ans, agent d'affaires, né et domicilié à Strasbourg, détenu.

Le langage violent des journaux et d'une partie de l'opposition, pendant les premiers jours du mois de juin dernier, avait eu son retentissement à Strasbourg. Les clubs et la presse locale, notamment le *Démocrate du Rhin*, avaient redoublé d'audace et d'énergie dans leurs attaques contre les pouvoirs constitutionnels de la République; les esprits étaient agités, on se sentait à la veille d'un grand événement; cette émotion sembla redoubler dans la matinée du 14 juin, personne ne savait encore ce qui s'était passé la veille à Paris, personne ne pouvait soupçonner que ce jour-là plutôt qu'un autre, le gouvernement avait fait des communications à la préfecture; cependant vers dix heures du matin, l'accusé Küss, accompagné de deux autres personnes, se rendit chez le préfet, pour lui demander communication des nouvelles qu'il devait avoir reçues; ce magistrat répondit: qu'il n'avait point de communication à leur faire.

Il avait reçu pourtant la veille au soir une première dépêche, annonçant que des attroupements s'étaient formés à Paris, sur les boulevards. Cette dépêche interrompue par la nuit, avait été complétée dans la matinée et suivie à quelque distance par deux autres qui lui apprenaient que Paris était tranquille, mais en même temps qu'il était mis en état de siège; il crut devoir communiquer ces nouvelles au général commandant la division militaire; on convient qu'une réunion des autorités de Strasbourg serait convoquée pour midi à l'hôtel de la division; cette réunion eut lieu, et on y arrêta les mesures nécessitées par la circonstance. Par ces mesures figurait le rappel de la garde nationale et la publication des dépêches télégraphiques.

Cette publication se fit vers trois heures; en attendant, M. le maire de Strasbourg qui appréhendait quelque démonstration, se tenait à l'hôtel-de-ville avec un de ses adjoints et les officiers supérieurs de la garde nationale.

Son cabinet fut bientôt envahi par un certain nombre de personnes, parmi lesquelles Küss et Toulgoët, s'écriant que la Constitution est violée, que la mise en état de siège est le prélude d'un coup d'état, que dans un instant peut-être l'empire sera proclamé du haut des remparts de la citadelle, qu'il faut convoquer la garde nationale et lui donner des garanties; à ce titre on exige qu'elle occupe les postes de la citadelle, conjointement avec la troupe de ligne; on veut l'adjonction d'un certain nombre de citoyens à l'administration et au conseil municipal, la délivrance de canons et de munitions de guerre, la nomination d'une commission chargée d'assister à l'ouverture des dépêches télégraphiques et des lettres officielles de Paris, l'occupation du télégraphe, etc., etc.

M. le maire résista avec une louable énergie à ces prétentions; mais pendant cette première scène, l'hôtel-de-ville et les cours se remplissaient d'une foule compacte et d'un grand nombre de gardes nationaux en uniforme, criant également à la violation de la Constitution et réclamant la convocation immédiate de la garde nationo-

Suivant la convention arrêtée dans la réunion des autorités, M. le Maire jugea que le moment était venu de faire battre le rappel et il en donna l'ordre; il se rendit en même temps chez le général de division pour l'informer de ce qui se passait.

Les tambours sortirent immédiatement de l'hôtel-de-ville, en battant en effet le rappel; mais à quelques pas de là, l'accusé Jules Erckmann, ordonna à l'un d'eux de substituer à cette batterie, celle de la générale, et l'accompagna en brandissant son sabre nu, et en criant d'une voix forte : Aux armes! aux armes.

D'autres individus, restés inconnus, imitèrent-ils l'accusé Erckmann, ou bien les tambours qui battaient le rappel, entendant la générale, prirent-ils sur eux de modifier l'ordre qu'ils avaient reçu? Toujours est-il que la générale fut battue dans un grand nombre de quartiers de Strasbourg.

A son retour à l'hôtel-de-ville, M. le Maire trouva que les esprits s'étaient encore exaltés en son absence; les mêmes exigences de garantie se formulaient d'une manière plus impérative; Toulgoët se faisait remarquer par sa violence; on insistait toujours sur l'occupation de la citadelle par la garde nationale conjointement avec la troupe de ligne, et comme le lieutenant-colonel Winterheld décla-rait qu'il ne s'associerait jamais à des demandes insensés, on offrait ses épaulettes au commandant Hey, qui les refusait noblement.

Cependant la garde nationale s'était réunie sur les places de ralliement et y stationnaient depuis longtemps sans recevoir ni ordres ni nouvelles; sur un malentendu expliqué par l'instruction, une de ces compagnies s'était rendue à la mairie et augmentait la foule qui s'y pressait. Du milieu de cette masse compacte partaient des cris séditieux de toute nature.

Une autre compagnie alla occuper la préfecture, et M. le préfet qui crut avec raison voir, dans cet excès de protection, une atteinte à son indépendance, en exigea le renvoi, qu'il n'obtint qu'avec quelque difficulté; c'était l'accusé Jules Erckmann qui avait pris sur lui d'ordonner cette espèce d'occupation au commandant du deuxième bataillon et celui-ci avait obéi.

Le même Jules Erckmann avait voulu aussi s'emparer du télégraphe, mais le capitaine Kern, auquel il avait demandé quinze hommes à cet effet, n'avait pas voulu s'y prêter.

Pendant que ces choses se passaient, un placard séditieux adressé à l'armée et sorti des presses de l'accusé Dannbach, était affiché par les ouvriers de celui-ci sur les murs de la ville et surtout de la citadelle; on sut depuis qu'il avait été rédigé par l'accusé Laboulaye; il portait alors pour toute signature ces mots: Le comité central démocratique du Bas-Rhin. C'était la première fois que ce comité avouait authentiquement son existence; il croyait le moment de la victoire prochain, il n'attendait seulement pour publier les noms de ses membres, qu'elle fût certaine et qu'il n'y eût plus qu'à en recueillir les fruits. Ce placard fut immédiatement arraché par les soins de l'autorité et par les citoyens eux-mêmes.

D'une autre part, l'exaltation allait croissant à l'hôtel-de-ville, et M. le maire, pour la calmer, proposa aux plus ardents, d'aller chez M. le général de division, lui soumettre les demandes qu'ils formulaient sous prétexte de garanties; la proposition fut acceptée et on partit en foule, M. le maire et quelques fonctionnaires pour prêter au général l'appui de leur présence, les autres pour exposer leurs prétentions. Pendant le trajet, l'accusé Küss disait à M. le procureur de la République: « Si le général ne fait pas droit à nos demandes, les rues de Strasbourg seront ensanglantées ce soir par une guerre civile épouvantable. »

Arrivés à l'hôtel de la division, l'accusé Küss réitère sa demande de garanties, en tête desquelles figure toujours l'occupation de la citadelle par la garde nationale conjointement avec la troupe de ligne; c'est là l'exigence principale, c'est celle qui se retrouve dans la bouche des accusés à tous les instants de cette longue agitation.

Après le sieur Küss, quelques autres personnes prennent la parole dans le même sens, mais l'attitude digne et froide du général maintint tout le monde dans le respect; à la turbulence de l'hôtel-de-ville succède un langage mesuré; le général refuse et on se sépare d'une manière convenable.

Au moment où l'on venait de quitter l'hôtel de la division, arrivait la dernière dépêche télégraphique annonçant que le calme était définitivement rétabli à Paris; M. le Maire en donna publiquement lecture et dès-lors l'agitation commença à s'appaiser; la garde nationale fut réunie sur la place du Broglie et défila devant le maire, aux cris de: « Vive la République !» auxquels se mêlèrent quelques cris séditieux, on vit même un bonnet rouge au bout d'une bayonnette; malgré ces démonstrations, la soirée se passa sans désordres.

L'agitation pendant la journée du 14, ne s'était pas bornée à la ville de Strasbourg, elle s'était manifestée sur quelques autres points du département du Bas-Rhin; à Haguenau, notamment, l'accusé Schnepp, avait cherché à entraîner au chef-lieu, ceux de ses amis sur lesquels il croyait pouvoir compter; il avait acheté de la poudre et après s'être armé, il s'était rendu à Bischwiller dans l'espoir d'y faire des prosélytes ; deux individus qui avaient d'abord consenti à le suivre, l'avaient abandonné en route ; il était arrivé seul, le 15 à Strasbourg et s'était rendu directement aux bureaux du *Démocrate du Rhin ;* mais ayant appris là que tout était fini, il retourna chez lui.

Pendant la journée du 15, deux rassemblements se formèrent sur la place du Broglie ; l'un à une heure de l'après-midi, qui fut assez facilement dissipé, l'autre dans la soirée ; celui-ci finit par se porter avec un drapeau rouge à la porte de la préfecture. M. le maire qui en sortait, ne craignit pas de fendre seul la presse, d'aller droit au porteur du drapeau, et de le lui arracher des mains.

Le lendemain 16, un nouveau rassemblement se forma dans la soirée, sur la même place, il suivit pendant quelque temps le général qui s'y promenait en poussant des cris séditieux et finit assez tard par se dissiper ; à partir de ce moment, la ville de Strasbourg rentra dans son calme accoutumé, qui n'a pas été troublé depuis.

Le mouvement, dont nous venons de raconter les scènes principales, était-il spontané, ou bien au contraire obéissait-il à une impulsion occulte, qui en avait d'avance réglé la direction et le but. Il est évident que cette dernière hypothèse est la seule admissible, et l'instruction en a démontré l'irréfutable réalité.

Nous savons déjà qu'il existait à Strasbourg un comité démocratique central, qui, dans le cours même de la sédition, s'était révélé par un acte, qui pouvait devenir décisif si, comme les conjurés l'avaient espéré, l'armée avait répondu au coupable appel qui lui était fait.

Les membres de ce comité sont les mêmes que ceux du comité de la rédaction du journal le *Démocrate du Rhin*, c'est Küss, Toulgoët, Jules Erckmann, c'est Laboulaye, le rédacteur et Dannbach, l'imprimeur du placard, *c'est l'accusé Silberling que nous n'avons pas encore nommé, mais qui se chargera* lui-même, *tout-à-l'heure, d'expliquer la part qu'il a prise au complot.*

Dès-lors que nous connaissons l'existence du comité et le nom des membres dont il se compose, nous n'avons plus qu'à étudier ses actes et à voir s'ils n'ont pas eu pour but constant de surexciter les esprits à Strasbourg, et de les disposer à un coup de main dont on avait à l'avance déterminé l'objet.

Nous n'insisterons pas sur l'existence des sociétés secrètes qui ont succédé à la solidarité républicaine et qui enveloppent la France de leur réseau ; l'identité et la simultanéité des mouvements qui agitent les points du pays les plus éloignés les unes des autres ne permettent point de la révoquer en doute ; les départements obéissent à l'impulsion qui leur vient de Paris, tantôt par des correspondances MYSTÉRIEUSES, tantôt par un signal audacieusement donné du haut de la tribune nationale, il nous suffit de constater l'action du comité démocratique central du Bas-Rhin.

Elle se manifeste d'abord par la violence du langage dans les clubs et dans la presse; nous voyons figurer dans les clubs l'accusé Küss, qui préside assidûment, depuis le 9 mai dernier, celui qu'on désignait sous le nom de la Réunion-des-Arts; SILBERLING se signalait au club de la rue Saint-Hélène par l'exagération de ses propositions; à la séance du 7 juin, il déclarait: qu'il ne voulait plus en République que des ouvriers; à celle du 9 juin de la réunion des Arts, il demandait l'institution d'un comité de salut public.

C'est Küss et Toulgouët, qui prennent la plus grande part à la rédaction du journal le Démocrate du Rhin; Küss en est le gérant responsable; ce journal, voué à l'opposition la plus exaltée, épuise toutes les violences du langage dans les n^{os} des 13 (celui-ci publié en allemand seulement), 14, 15, 16 et 17 juin dernier; nous devons faire remarquer que ce journal est distribué à Strasbourg, la veille de sa date et qu'ainsi le n° du 13 juin, correspond au 12 et ainsi de suite.

Nous n'analyserons pas ici toutes les provocations à l'insurrection contenues dans ces divers numéros; il faut les lire. Nous nous bornerons à signaler trois articles, deux de l'accusé Küss, l'un inséré dans le n° du 15 juin, commençant par ces mots: «La patrie est en danger.» L'autre inséré au n° du 16 juin et commençant par ces mots: « Le peuple seul est souverain. » Le troisième de l'accusé Toulgouët, inséré au même n° du 16 juin et commençant par les mots: « La Constitution est violée!....» Ces trois articles, par leur violence spéciale, ont donné lieu à trois chefs d'accusation distincts.

Les esprits suffisamment échauffés, il fallait pousser les citoyens à l'accomplissement du grand acte qu'on méditait et dont le secret avait été jusque-là religieusement gardé. Le comité commence par se réunir secrètement vers deux heures, le 14, dans les bureaux du Démocrate; Küss et Toulgoët conviennent de la réunion, mais lui assignent un motif invraisemblable.

Après une heure de délibération on se sépare, pour aller mettre ses uniformes et se rendre à la mairie, où se passent les faits dont nous avons rendu compte. Quel en était le but? c'est SILBERLING qui va nous l'apprendre. A la séance du club du 14 juin, après le triomphe de l'ordre, il déclare à ses auditeurs que c'est lui qui a provoqué la démonstration du même jour; il voit avec douleur que la réaction se glisse dans les rangs de la garde nationale; ce n'était point pour aboutir à une vaine parade, à un défilé devant l'autorité, que la générale avait été battue, mais bien pour prendre possession de la citadelle.

Tel avait été en effet le grand but de la journée; on voulait s'emparer de la citadelle de Strasbourg, pour en faire, suivant

le langage de Brentano à l'Assemblée de Carlsruhe, le boulevard de la démocratie européenne. Une telle entreprise à force
ouverte eut été insensée ; c'est pour cela qu'à tous les instants
de cette longue agitation, on n'a pas cessé de demander l'occupation de la citadelle par la garde nationale, conjointement
avec la troupe de ligne ; On comptait sur la défection de l'armée ;
dans la foule on entendait crier : allons à la citadelle, les
soldats nous recevront en frères ! C'était pour décider cette
défection que Laboulaye et Dannbach faisaient afficher leur
placard séditieux. On comptait peut être aussi, par la violence
de la manifestation, intimider les autorités et arracher à leur
faiblesse une honteuse concession.

Les autorités et l'armée ont prouvé qu'elles ne méritaient
pas l'injure de ces coupables espérances.

Cependant, après la journée du 14, le calme ne se rétablit
pas entièrement à Strasbourg ; des rassemblements s'y montrent
encore le 15 et le 16 ; c'est que si les lois avaient triomphé
à Paris, on n'était pas encore sûr qu'elles ne succomberaient
pas à Lyon et *SILBERLING, ordonne de maintenir l'agitation.*

Dans cette séance du club, du 14, si féconde en révélations,
il commande une réunion pour le lendemain à une heure, sur
la place du Broglie, et nous avons vu le lendemain un rassem-
blement sur la place du Broglie à une heure.

Il veut qu'on se rassemble tous les soirs sur la même place, et
nous avons vu sur la même place des rassemblements pendant
les soirées des lendemain et surlendemain 15 et 16 juin.

Mais alors on connaissait la défaite des insurgés à Lyon ;
l'anarchie désarmée à Strasbourg, les rassemblements cessent,
et le journal le *Démocrate* contremande la séance du club qui
devait avoir lieu le soir.

Ici la vérité se montre dans tout son jour, il n'y a plus à
raisonner par induction ; le complot est pris sur le fait et l'attentat qui en a été la suite n'est plus discutable.

En conséquence sont accusés lesdits Küss, Toulgoët, Dannbach, Laboulaye, Erckmann et Silberling, d'avoir, le quatorze juin 1849, commis à Strasbourg un attentat ayant pour
but soit de changer ou détruire le gouvernement de la République, soit d'exciter les citoyens à s'armer contre son autorité,
soit enfin d'exciter la guerre civile en portant les citoyens à
s'armer les uns contre les autres.

Que tout au moins sont accusés lesdits Küss, Toulgoët, Dannbach, Laboulaye, Erckmann et Silberling et en outre le
nommé Schnepp susdit d'avoir, antérieurement au quatorze juin,
formé un complot ayant pour but soit de changer ou détruire
le gouvernement de la République, soit d'exciter les citoyens
à s'armer contre son autorité, soit enfin d'exciter la guerre
civile en portant les citoyens à s'armer les uns contre les autres,

lequel complot a été suivi d'actes commis ou commencés pour en préparer l'exécution.

Et en outre, Emile Küss, d'avoir, en qualité de gérant responsable du journal le *Démocrate du Rhin*, inséré dans le n° 142, le seize juin 1849, un article commençant par les mots: « La patrie est en danger » et qui termine par ceux-ci: avec la Montagne sera la loi, l'Assemblée la nation ; » et de s'être aussi rendu complice des crimes ci-dessus spécifiés en provoquant à les commettre.

Et en outre Emile Küss, d'avoir, comme gérant responsable du journal le *Démocrate du Rhin*, inséré dans le n° 142, le seize juin 1849, un article commençant par les mots: « Le peuple est souverain » et finissant par ceux-ci: « Rallions-nous donc tous aux cris de: Vive la République, et s'être ainsi rendu complice des crimes ci-dessus spécifiés en provoquant à les commettre.

Et Toulgoët, d'être l'auteur d'un article livré par lui à la rédaction du journal le *Démocrate du Rhin*, commençant par ces mots : « La Constitution est violée! » et se terminant par ceux-ci: « Que le peuple l'entende, que les hommes que jusqu'ici il a vu combattre dans ses rangs ne trahissent plus; » et de s'être ainsi rendu complice des crimes ci-dessus spécifiés en provoquant à les commettre.

Et en outre Küss, d'avoir, comme gérant responsable, inséré cet article dans le journal le *Démocrate du Rhin*, n° 142 du seize juin 1849, et de s'être ainsi rendu complice des crimes ci-dessus spécifiés en provoquant à les commettre.

Et le susdit Laboulaye, d'être l'auteur d'un manuscrit livré par lui à l'impression, commençant par ces mots : « République française » et finissant par ceux-ci : « Vive la République ! Le comité central démocratique du Bas-Rhin ! » et de s'être ainsi rendu complice des crimes ci-dessus spécifiés, en provoquant à les commettre.

Et le susdit Dannbach de s'être rendu complice des crimes ci-dessus spécifiés, en provoquant à les commettre par l'impression qu'il a fait faire chez lui des articles sus-mentionnés et du placard Laboulaye, ainsi que par l'apposition qu'il a fait faire de ce placard dans les lieux publics.

Crimes prévus par les articles 59, 60, 87, 89, 91 du code pénal et 1er de la loi du 17 mai 1849.

Fait au parquet de la cour d'appel de Colmar, le 30 juillet mil huit cent quarante-neuf.

Le procureur-général, *signé* : SOUEF.

Le *Rédacteur-Gérant*, E. QUESNE.

Metz. — Imp. de J.-P. TOUSSAINT, place d'Austerlitz, 28.

COUR D'ASSISES DE LA MOSELLE.

Présidence du citoyen P. GRAND, conseiller.

Suite de l'Audience du 17 Octobre 1849.

Le cit. président. M. l'avocat-général, vous avez la parole.

Le cit. Briard. Messieurs, la loi nous fait un devoir d'exposer l'accusation. Cet exposé, quoi qu'il ne soit que le résumé de l'acte d'accusation dont vous venez d'entendre la lecture, peut cependant paraître nécessaire dans une affaire de longue haleine, qui, comme celle-ci, présente un aussi grand nombre d'accusés et de témoins. Comme vous le savez, messieurs Küss, Tutgoët et autres ont aujourd'hui à répondre devant vous d'une accusation d'attentat ayant eu pour but la guerre civile, le renversement du gouvernement, et d'une accusation de complot destiné à préparer cet attentat. Autour de cet attentat et de ce complot se groupent certains délits de presse.

Qu'est-ce donc que le complot? Comment se distingue-t-il de l'attentat? En matière criminelle ordinaire : quand une attaque se porte sur les choses, il n'y a crime que lorsque la pensée du coupable s'est réalisée, lorsqu'un fait matériel s'est accompli. Il faut arriver à une exécution pour tomber sous le coup de la loi; la tentative elle-même n'est qu'un commencement d'exécution. Il en est autrement pour le crime de complot et d'attentat, le concert de volontés criminelles suffit pour constituer un crime; ce crime, c'est celui du complot. Il existe dès qu'il y a eu résolution préparée, quoique non exécutée. Si elle est exécutée, c'est un attentat; s'il y a commencement, c'est une tentative d'attentat.

Dans toutes les hypothèses, le crime n'en est pas moins commis. Les accusés ont à répondre à l'accusation de complot et d'attentat commis et en quelque sorte consommés. Cette accusation a été analysée par M. le président; quant à présent, nous n'avons pas à la justifier, mais à la constater dans ses détails.

Le cit. Briard passe en revue les scènes d'agitation, d'émotion populaire dont la ville de Strasbourg a été le théâtre dans la journée du 14 juin; puis il énumère les différents faits, soit de publication d'articles, soit de placards, de propositions exagérées

2

dans les clubs, soit d'exigences révolutionnaires à l'Hôtel-de-Ville ou à la division militaire.

Le cit. Briard entre alors dans les différents détails contenus dans l'acte d'accusation, et termine ainsi son exposé : « Vous connaissez tous les faits, leur simultanéité, leur corrélation. Ne sont-ce pas là des indices graves de complot ? Nous aurions pu entrer dans de plus longs détails, mais nous n'avons voulu que poser des jalons pour arriver à la découverte de la vérité. Nous croyons n'être pas sorti de notre rôle d'impartialité. Il ne s'agissait pas d'accuser. Comme vous, MM. les jurés, nous ne formerons notre conviction qu'à l'examen des débats. Nous attendrons que pour nous, comme pour vous, la lumière se soit complètement faite. Mais nous rechercherons la vérité avec patience, avec un zèle ardent et consciencieux; c'est là notre devoir, nous saurons l'accomplir avec fermeté et courage, et vous nous suivrez dans cette voie.

Il est procédé à l'appel des témoins. Sur les 110 témoins, tant à charge qu'à décharge, 5 sont malades, morts ou passés à l'étranger, 20 autres manquent à l'appel, mais doivent arriver dans la journée ou dans la matinée de demain. En conséquence, la cour décide qu'il n'y a lieu à statuer quant à présent sur l'absence des témoins.

L'audience est suspendue jusqu'à deux heures.

La cour rentre à deux heures.

On fait retirer les témoins.

Interrogatoire de l'accusé Küss.

Le cit. président. Dans les questions que je vais vous adresser, je vais vous mettre en situation de répondre sur plusieurs points importants de l'accusation. Nous allons chercher quelle connexion il peut y avoir entre les événements du 13 juin à Paris et ceux qui se sont passés à Strasbourg.

Je désire être renseigné sur un point : veuillez me dire s'il n'a pas existé à Paris une association politique, connue sous le nom de *Comité central de la solidarité Républicaine*, et si comme je l'ai remarqué d'après un interrogatoire du sieur Dillemann, la solidarité républicaine n'a pas fait des démarches à Strasbourg pour y former une société affiliée, afin d'organiser à Strasbourg un comité analogue à celui de Paris; veuillez me dire, enfin, si vous n'avez pas été un moment président de cette société ?

A quelle époque a-t-elle été créée à Strasbourg ? Qui en faisait partie ? Quel était le but de cette association ? La société de Strasbourg recevait-elle des instructions de Paris ?

L'accusé. Cette société a été fondée en octobre ou novembre, c'est seulement en décembre que nous nous sommes mis en rapport avec la solidarité républicaine, lorsqu'il s'est agi pour nous de fonder le *Démocrate du Bas-Rhin*.

La solidarité républicaine avait pour but la propagation de publications politiques, et c'est dans l'idée de participer à son action que nous avons établi avec elle des rapports qui pouvaient nous être utiles dans la prévision des élections prochaines ; car, à cette époque, l'assemblée constituante paraissait devoir bientôt terminer son mandat.

Le cit. président. N'avez-vous pas été mis en rapport avec des membres de la société de Paris ?

L'accusé. Une personne de Strasbourg venant de Paris nous a engagé à établir des relations avec le comité central dans la prévision des brochures électorales qu'il préparait.

Le cit. président. Vous n'avez donc établi aucun rapport avec ce comité dans le but de former un complot pour le renversement du gouvernement ?

L'accusé. Nullement !

Le cit. président. Combien de temps ont duré ces rapports avec la solidarité républicaine ?

L'accusé. Six semaines environ. Lorsque nous apprîmes que la solidarité républicaine était poursuivie, nous nous sommes abstenus.

Le cit. président. Le *Démocrate* a été fondé à la même époque?

L'accusé. Le premier numéro a paru au commencement de décembre.

Le cit. président. Je ne connais que trois numéros de ce journal ; dans deux d'entre eux, il y a trois articles incriminés. J'y vois que l'esprit du journal était un esprit identique à celui de la solidarité républicaine ; que dès juin, des appels y étaient faits à la violence ; que les articles de votre journal étaient plus violents que ceux mêmes des journaux de Paris ; que vous aviez des correspondances dans les clubs socialistes. Cela n'indique-t-il pas des tendances au renversement du gouvernement établi ?

L'accusé. Les articles dont vous parlez étaient empruntés à des journaux de Paris, et je vous ferai observer que ces articles n'avaient pas été incriminés à Paris.

Le cit. président. Je sais que deux numéros contenaient des articles empruntés à la *Vraie République*. Mais je tiens à savoir si le comité démocratique de Strasbourg n'était pas fondu avec la solidarité républicaine.

L'accusé. Non, il n'y eut jamais de fusion entre la solidarité républicaine et le prétendu comité démocratique.

Le cit. président. Convenez-vous qu'il y a eu à Strasbourg un comité démocratique?

L'accusé. Non, il n'y en a pas eu à ma connaissance, si non, par une affiche placardée le 14 juin.

Le cit. président. Vous me l'affirmez, ce comité démocratique est une chimère?

L'accusé. Oui, M. le président

Le cit. président. Si c'est une chimère, comment le *Démocrate*, dans son numéro 142, daté du 11 juin, publié le 14 au soir, au recto de la deuxième page, rendant compte des événements du 14 à Strasbourg, comment peut-il dire : « Le comité démocratique fait un appel à ses frères de l'armée, etc? » Vous connaissiez donc ce comité démocratique?

L'accusé. Quand on voit une affiche portant une signature, le journal, en sa qualité d'historien, signale le fait, lors même que dans l'opinion du rédacteur il n'existe réellement pas de comité démocratique.

Le cit. président. Comment conciliez-vous ces deux opinions : ce comité est une chimère et ce comité publie une affiche?

L'accusé. Mon impression personnelle était qu'il n'existait pas de comité ; j'étais gérant et non rédacteur, je ne puis prendre la responsabilité de l'énonciation d'un fait de ce genre.

Le cit. président. En droit, comme gérant vous deviez vous en assurer, ce fait vous avez pu l'ignorer, c'est possible; mais quand vous avez répondu à Colmar, vous avez dit : c'est une chimère, une calomnie perfidement inventée contre nous, par un journal de Strasbourg.

L'accusé. Ce journal a en effet annoncé mon arrestation en ces termes : M. Küss, président du comité central démocratique, a été arrêté ce matin. C'était me désigner à la vindicte publique, et c'est sur ce point que j'ai parlé à M. Dillemann de la calomnie perfidement inventée.

Le cit. président. Vous conviendrez que dans les circonstances graves où on se trouvait à Strasbourg, c'était bien léger de la part du journal de citer ce placard.

L'accusé. Les circonstances à Strasbourg ne paraissaient pas aussi graves que vous semblez le penser.

Le cit. président. Ainsi vous ne croyez pas à l'existence du comité démocratique?

L'accusé. Non, M. le président.

Le cit. président. Voici une circonstance remarquable : le 14, quand la dépêche télégraphique n'annonçait pas, certes, le calme à Paris; quand on criait dans la rue, vive la montagne, vive les rouges, voilà que dans ce moment il sort des presses de votre journal, des presses de Dannbach, un placard signé : comité central démocratique du Bas-Rhin. D'un côté, vous annoncez donc que ce comité existe et de l'autre, le placard sort des presses de votre journal.

L'accusé. Cette circonstance est toute fortuite, les bureaux de notre journal sont dans la maison occupée par M. Dannbach, mais cela ne fait pas que je doive être responsable de ce qu'on imprime chez M. Dannbach. Il a imprimé les affiches et bulletins de vote relatifs à l'élection de M. Bonaparte, et à celle d'autres candidats; doit-il résulter de ce que les bureaux du journal sont chez M. Dannbach que je doive être omnicolore comme les presses d'un imprimeur?

Le cit. président. En un mot, cela a-t-il été imprimé par vous?

L'accusé. Je réponds que non, et que les presses de Dannbach ne me regardent pas.

Le cit. président. Ainsi vous ne croyez pas au comité démocratique? Eh bien, il est des pièces qui indiquent qu'il en existait à Strasbourg et dans les environs, à Werd et dans les environs, ainsi qu'il résulte des démarches de Georges Trautmann.

L'accusé. Non, M. le président, nous n'avons eu avec Georges Trautmann et les autres, dans les environs de Strasbourg, que des rapports électoraux seulement.

Le président. A Werd il y avait un club socialiste qui avait des séances dans les premiers jours de juin et on a entendu Trautmann, président de ce club, demander à haute voix un fusil?

L'accusé. En effet, j'ai appris par l'instruction qu'il y avait à Werd sur un pont et presque tous les soirs une réunion de sept ou huit personnes qu'on a bien voulu désigner sous le nom de comité socialiste.

Le président. Je vois qu'on a dit qu'il existait à Strasbourg un comité démocratique qui n'était autre que la solidarité républicaine, qu'il était composé de membres qui agissaient disciplinairement sans avoir à se rendre compte de ce qu'ils faisaient et que ces membres obéissaient à un comité directeur, composé de MM. Küss, Robert, Kopp, Ennery, qui devaient se réunir dans plusieurs endroits et notamment dans les bureaux du *Démocrate.*

L'accusé. Ce sont là des hypothèses de M. le commissaire Bonnessant, qui sont loin d'être d'accord avec celles des autres commissaires.

Le cit. président. Voici un document nouveau dont j'ai eu seulement connaissance hier. Voici une brochure prise parmi 72 autres qui ont été saisies. J'y vois ceci en tête: *Comité central de la solidarité républicaine,* avec cette devise: l'union fait la force. Elle a été imprimée par Dannbach. J'y vois parmi les considérants qui motivent la création de la solidarité républicaine, que les partis contre-révolutionnaires conspirent dans le but de rendre au gouvernement la forme monarchique. Il résulte de cela aux yeux de l'accusation que s'il y a des gens qui conspirent, il y a des citoyens qui les dénoncent à la vindicte publique.

L'accusé. Nous avons publié ces considérants dans le journal, et le journal n'a pas été poursuivi.

Le cit. président. J'y vois dans l'art. 1er, et cet article est contraire à l'article 8 de la loi du 28 juillet 1848 qui défend les associations entre les clubs, je vois dans l'article 1er : « Une association est formée entre les républicains des départements et des colonies pour assurer par tous les moyens légaux, etc. Puis, art. 4 : il sera formé autant de succursales qu'il y a de cantons.— Art 5. Les comités de canton correspondent avec les comités d'arrondissement, ceux-ci avec les comités de département et ceux de département seuls, avec le comité central de Paris. Et enfin, art. 11, il est formé un conseil général dans le comité de Paris ; et pourtant, vous savez que la loi défendait tout cela.

L'accusé. Votre observation porte sur les affiliations entre clubs, et nous n'avions pas de clubs à Strasbourg.

Me J. Favre. Mais M. le président : ceci n'est pas le procès.

Le cit. avocat-général. Cette saisie des 74 brochures a eu lieu en vertu des poursuites exercées à Paris. MM. Küss et Rœderer, étant domiciliés à Strasbourg, la chambre du conseil à Paris s'est déclarée incompétente. Si M. Küss n'a pas été poursuivi avec les membres de la solidarité républicaine, c'est qu'il était domicilié à Strasbourg. Et pourtant M. Küss avoue lui-même avoir publié ces articles dans son journal au mois de mars.

L'accusé. Au mois de mars ou dans un autre mois antérieur à celui-là, mes souvenirs ne me servent pas bien.

Me Louis. Il importe que le jury sache bien que le parquet de Strasbourg n'a pas incriminé M. Küss pour ce fait.

Le cit. président. Je désire que les défenseurs ne prennent la parole dans mon interrogatoire que dans le cas où je commettrais une erreur matérielle. Je continue. Y a-t-il eu des communications entre les démocrates de Strasbourg et ceux du Palatinat et du duché de Bade. Et je vous rappellerai à ce sujet que vous avez dit que cette cause vous avait paru être celle de la démocratie en général ; que beaucoup de citoyens s'étaient présentés dans vos bureaux pour s'enrôler au service des démocrates Badois ; qu'on n'avait pas, à la vérité, reçu ces enrôlements, mais que vous les aviez renvoyés aux autorités militaires. D'un autre côté, vous aurez dit que vous aviez ouvert une souscription pour les blessés. Et cela peut établir qu'il y avait entre vous et le Palatinat plus que des sympathies.

L'accusé. Nous avons adressé un appel aux dames de Strasbourg pour avoir de la charpie. C'était dans un but d'humanité et je dois même dire que ce but n'a été que faiblement atteint. Il ne s'agissait nullement d'une souscription en argent.

Le cit. président. Je désire savoir si vous n'aurez pas procédé vous-même à la distribution, à Strasbourg et dans les environs, de proclamations incendiaires venues du Palatinat.

L'accusé. Je ne connais ces proclamations que par l'instruction.

Le cit. président. De l'auberge du Pied-de-Chevreuil partaient en nombre infini de ces proclamations, y avez-vous concouru?

L'accusé. Non, M. le président.

Le cit. avocat-général lit une de ces proclamations adressées par les démocrates allemands, pour faire un appel aux sentiments patriotiques des populations rhénanes, afin de les encourager à faire un boulevard à l'invasion des Croates et des Cosaques, que le gouvernement français semble vouloir autoriser; et finissant par ces mots:

Aux armes, citoyens, le Cosaque est à vos portes.

Le cit. président. Cette proclamation est manuscrite, mais nous en avons d'imprimées qui figurent au dossier. Accusé, vous êtes étranger à cette publication?

L'accusé. Je n'en ai jamais entendu parler.

Le cit. président. Au mois de juin, un homme a remis une de ces proclamations à un capitaine d'infanterie, nommé Engoulevent, c'est une preuve qu'on voulait circonvenir l'armée par des moyens coupables. Le docteur Dick a dit ce qui peut s'appliquer à vous, que des hommes libéraux et éclairés s'occupaient de la formation d'un corps-franc. Etes-vous un de ces hommes libéraux et éclairés auxquels il est fait allusion? Il a ajouté qu'il y avait des réunions dans les bureaux du *Démocrate*, et que ce journal servait la cause de l'affranchissement de l'Allemagne. Vous occupiez-vous, oui ou non, des corps-francs?

L'accusé. Non.

Le cit. président. Pourquoi alors écrivait-il cela?

L'accusé. M. Dick, allemand réfugié, voulait être nommé chirurgien militaire dans les troupes démocrates badoises; c'est sans doute dans cet intérêt qu'il a écrit cela.

Le cit. président. Il altérait donc la vérité?

L'accusé. Il n'y a pas eu de réunion pour cet objet dans les bureaux du *Démocrate*.

Le cit. président. Le voyiez-vous souvent?

L'accusé. Non, depuis quelques mois; alors je ne l'avais pas vu.

Le cit. président. Vous avez été du comité des arts, on y a prononcé des discours de nature à provoquer le désordre. Le commissaire dit qu'on y était violent dès le mois de mai et surtout en juin. N'est-ce pas parce que le moment approchait qu'on y devenait si violent?

L'accusé. Dans une réunion de 1000 personnes, il n'est pas étonnant que tout ne se soit pas toujours passé dans un ordre parfait; mais l'instruction prouvera que je n'assistais pas à la séance indiquée comme si violente.

Le cit. président. Voici, d'après le commissaire, un spécimen des idées modérées de ces réunions: le neuf mai, à une séance qui eut lieu sous notre présidence, je vois ceci: vous avez fait adopter la pétition qui demande des poursuites contre les ministres. Il est parfaitement constitutionnel d'adresser des pétitions à l'Assemblée, même contre les ministres; mais je vois qu'on a crié: à bas les ministres, ce qui n'est pas constitutionnel du tout.

L'accusé. J'exerçais un droit constitutionnel, mais en exerçant ce droit; il n'est pas toujours facile à un président de dominer, sans autre force que ses paroles, des masses de 2000 à 2500 personnes.

Le *cit. président.* Dans son rapport, croyez-vous que le commissaire ait omis de dire que vous vous êtes opposé aux cris: à bas les ministres?

L'accusé. Je ne sais.

Le *cit. président.* On a crié vive la République démocratique et sociale.

L'accusé. Ce cri n'était pas alors réputé séditieux. Ce cri n'est devenu séditieux que depuis la circulaire de M. Odilon-Barrot. D'ailleurs je l'avais désapprouvé.

Le *cit. président.* Vous avez dit: ce serait un moyen de nous faire désarmer et il faut des fusils pour faire des barricades.

L'accusé. Quelqu'un étranger au club a dit: « Faisons des barricades » et j'ai prouvé par un raisonnement ce qu'il y avait d'absurde dans cette motion.

Le président insiste sur l'assertion précédente. Un orateur, lit-il, au procès-verbal, demande qu'à la revue de dimanche on crie: vive la République démocratique et sociale, et le président du club désapprouve ce cri en disant: ce serait le moyen de nous faire désarmer; pour faire des barricades il faut des fusils. Expliquez cela.

L'accusé. Je trouve l'analyse du commissaire fort obscure. J'ai dit que ce cri serait considéré comme séditieux; que si la garde nationale criait ainsi elle serait désarmée; et que les bons citoyens, dans les circonstances actuelles, avaient besoin de rester armés.

Le *cit. président.* Connaissez-vous le comité des ouvriers de la rue Ste.-Hélène? On y criait, dit-on, tous les jours: vive la Montagne, à bas le Président! N'y avait-il pas connexité entre ce club et le vôtre?

L'accusé. Je sais que ce club existait, mais il n'y avait pas connexité entre ce club et le comité des arts.

Le *cit président.* J'ai vu au dossier une lettre à vous, adressée de Paris, par Pillet; elle est du 28 février 1849. En voici un passage: « D'ici à quelques jours la Solidarité Républicaine va « reprendre ses travaux interrompus; j'aurai bientôt le plaisir de « vous en donner avis. » Cette promesse a-t-elle eu des suites?

L'accusé. Cette lettre prouve que la Solidarité Républicaine avait été interrompue et que nous avions discontinué nos relations depuis les poursuites.

Le cit. président. Il s'agit maintenant de savoir s'il n'y a pas eu de lien entre ce qui s'est passé à Paris et à Strasbourg ; le *Moniteur* du 12 Juin, arrivé à Strasbourg le 13, annonce que Ledru-Rollin a dit : « La Constitution a été violée, nous la défendrons même par les armes. L'article 110 de la Constitution dit : La défense de la Constitution est confiée au patriotisme des citoyens. » Cela a-t-il été le mot d'ordre de ce qui s'est passé à Strasbourg ? N'est-ce pas à ce mot d'ordre parti de la tribune qu'on a obéi le 14 à Strasbourg ?

L'accusé. Il faudrait d'abord prouver qu'il y a eu complot avant de me demander ce qu'était ce complot. Il n'y a pas eu complot, il y a eu à Strasbourg une émotion populaire produite par les événements.

Le cit. président. Et comment avez-vous commencé la journée du 14 juin? Vous avez publié un article intitulé : *La patrie est en danger.* Vous avez dit que le général de l'Elysée vient de bombarder Rome au mépris de la Constitution, mais qu'à l'heure où vous écrivez, la Montagne a peut-être prononcé à la tribune la déchéance ; que la déchéance est de plein droit. Vous pressentiez donc ce que la montagne allait ou voulait faire?

L'accusé. Ce n'est pas moi qui l'ai présenté. Cet article a été publié à Paris, le 11, dans la *Vraie République* ; je ne puis accepter la responsabilité de cet article. Depuis plusieurs jours déjà j'avais donné ma démission de gérant ; ces fonctions ne pouvaient pas s'accorder avec mes occupations. Je sais bien que légalement je suis responsable ; si ce procès était un procès de presse, je ne voudrais pas alléguer cette excuse ; mais il s'agit d'une accusation de complot et je nie avoir conspiré ! Lorsque l'article a paru j'étais absent ; cet article était emprunté à un journal de Paris, il n'avait pas été incriminé, et je dis que je n'en suis pas moralement responsable.

Le cit. président. Avez-vous lu et autorisé la publication de cet article ?

L'accusé. Non.

Le cit. président. Savez-vous qui a fait cet article ?

L'accusé. Non, il n'était pas signé.

Le cit. président. Il est cependant acquis à l'accusation que vous vous occupiez de votre journal. Marin a déclaré que le journal recevait des articles de rédacteurs étrangers à la rédaction habituelle, que ces articles vous étaient soumis à vous Küss qui les faisiez insérer quand bon vous semblait.

L'accusé. La question n'est pas là. L'article incriminé était venu de Paris, il n'avait pas provoqué la saisie du journal la *Vraie République*, on pouvait donc le reproduire.

Le cit. président. Vous avez dit que vos occupations vous empêchaient de vous occuper du journal, et pourtant Marin dit que vous voyiez les articles du journal.

L'accusé. Ces articles devaient nécessairement passer par mes mains, parce que n'ayant paru dans aucun journal, je voulais en prendre connaissance.

Le cit. président. Approuvez-vous les articles publiés en juin, et que la procédure signale comme très-violents?

L'accusé. Quelques-uns pouvaient me paraître violents; mais je vous ferai observer que la manière dont vous me posez la question, en me faisant pressentir que ces articles sont très-violents, me rend la réponse fort difficile.

Le cit. président. Loin de mes idées de tendre des pièges aux accusés; mais poursuivons: Il est arrivé des dépêches le 14 juin, je ne veux pas les citer ici, dites-moi seulement à quelle heure avez-vous connu ces dépêches?

L'accusé. A deux heures moins un quart.

Le cit. président. Qui vous a porté à faire une visite à M. le préfet Rinauldon?

L'accusé. Depuis le matin on peut dire qu'il y avait quelque chose dans l'air. On voyait le télégraphe manœuvrer sans interruption, la population de Strasbourg était sous le poids d'une vive émotion; accompagné de M. Hey, membre du conseil général, ou plutôt, accompagnant M. Hey, je me rendis chez le préfet pour savoir de lui s'il y avait des nouvelles, si la sûreté de la république n'avait rien à redouter. Le préfet me reçut avec bienveillance et me dit avec la plus grande franchise — ce qui n'était pas vrai — qu'il n'avait aucune nouvelle; qu'il était dans la dernière inquiétude que notre tranquillité s'étonnait, et que quant à lui, s'il n'était pas préfet, il serait assurément plus empressé que nous ne l'étions. Quelques heures après nous apprenions que Paris était en état de siége, et nous avons fait alors les démarches qui ont motivé l'accusation parce que nous étions en droit de penser, après ce qui venait de se passer entre nous et le préfet, que l'autorité voulait nous tromper.

Le cit. président. Est-ce que dans la prévision des évènements du 13 juin, un émissaire ne serait pas venu de Paris vous presser d'agir?

L'accusé. Non, aucun émissaire n'est venu.

Le cit. président. Ne vous êtes-vous pas réuni avec Toulgoët et autres au bureau du journal?

L'accusé. Non, j'étais seul, et dans un calme parfait, quand on vint me prévenir qu'on me demandait, je sortis de chez moi et je trouvai au bureau du *Démocrate* des amis qui me demandent d'abord des nouvelles et qui m'entretiennent ensuite d'une affaire particulière relative à une personne du journal et complètement étrangère à la politique.

Le *cit. président.* Vous êtes-vous réunis dans une pièce spéciale ?

L'accusé. Non, M. le président, nous nous sommes réunis non pas même dans le salon de rédaction, mais dans une salle pour ainsi dire publique et fort mal disposée, je vous assure, pour conspirer ; car elle donne de tous côtés sur des cours, des ateliers, des couloirs qui étaient dans ce moment remplis d'allants et venants.

Le *cit. président.* N'étiez-vous pas réunis en conciliabule dans le but de comploter le renversement du gouvernement ?

L'accusé. Non, je le répète ; nous étions dans une salle, pour ainsi dire publique, étrangère à la rédaction du journal. Si je n'ai pas cité les personnes avec lesquelles je m'y trouvais, c'est que nous y étions appelés par une affaire toute personnelle à l'un des membres du journal, et qu'il est inutile de faire connaître dans cette enceinte.

Le *cit. président.* On a dit que vous vouliez renverser les autorités pour prendre leur place. Que vous Küss, vous deviez être préfet ; Toulgoët devait être maire ; un autre receveur-général, un 4e directeur des postes.

L'accusé. Il n'a jamais été question d'un projet de ce genre. Je n'ai jamais eu aucune idée d'ambition et je crois que c'est un témoignage que tout honnête homme à Strasbourg serait disposé à me donner, la main sur la conscience. Certes, ma position est assez belle pour que je ne veuille pas la changer contre une position administrative, moi qui ne sais pas un mot d'administration.

Le *cit. président.* Après cette conférence, on voit que vous, Toulgoët et d'autres vous sortez, vous allez vous habiller ; les officiers mettent leur hausse-col sans avoir été convoqués.

L'accusé. Après avoir eu connaissance de la dépêche, nous avons dû penser à nous mettre sous l'égide de l'autorité municipale pour concourir avec elle à la défense de la République. J'ai mis mon uniforme pour que l'autorité municipale comprît bien dans quel but nous allions la trouver, et j'affirme que je n'avais pas alors mon hausse-col. En apprenant les termes de la dépêche, ça été pour nous comme un coup de foudre ; sous l'impression d'un sentiment bien vif et bien naturel, vous en conviendrez, je me suis habillé, et dans une pensée d'ordre, je me suis rendu à la mairie.

Le *cit. président.* Expliquez ce que vous avez dit au conseiller Dillemann, que les dépêches annonçaient une situation pleine de dangers et que l'énergie des bons citoyens devait résister aux mauvaises passions et sauvegarder la République. De quelle sorte d'énergie vouliez-vous parler?

L'accusé. J'étais garde national, je voulais déployer toute mon énergie, celle du soldat s'il le fallait, pour garantir nos libertés. Quant aux mauvaises passions, ce n'est pas moi qui les ai qualifiées, c'est M. Odilon Barrot; j'entendais signaler comme lui celles qui s'agitent autour du président de la République. Je me mettais, dans une pensée d'ordre, à la disposition de l'autorité municipale; je n'avais pas d'autre but que de me mettre à la disposition de cette autorité.

Le cit. président. On n'a donc pas parlé dans vos bureaux de prendre les armes?

L'accusé. Non. Je n'ai engagé personne à suivre mon exemple. J'ai dit que j'allais m'habiller, mais plusieurs des six ou huit personnes présentes n ont pas suivi mon exemple.

Le cit. président. Je vois au dossier que Toulgoët a dit qu'on éprouva aussitôt dans le bureau la crainte d'un coup-d'état impérial, et qu'il avait engagé les personnes présentes à se disposer pour la protestation.

L'accusé. Non, je n'ai pas entendu cela, je n'ai même pas pris le temps de lire la dépêche entière; à la première nouvelle de ce qui se passait, j'ai senti la nécessité de me rendre à la mairie et je m'y suis rendu.

Le cit. président. Vers 2 heures, c'est-à-dire 15 ou 20 minutes avant le rappel, n'avez-vous pas été vu avec votre hausse-col?

L'accusé. Je n'ai mis mon hausse-col qu'après le rappel.

Le cit. président. M. Durieu vous a vu en hausse-col avec plusieurs officiers, tandis que les groupes se formaient.

L'accusé. La déposition de M. Durieu est doublement erronnée. Premièrement, je n'avais pas mon hausse-col; on n'a battu le rappel qu'à 4 heures et M. Durieu dit m'avoir vu à 2 heures, 15 minutes avant le rappel.

Le cit. président. A-t-on dit que dans les circonstances actuelles, Paris ayant été mis en état de siége, cela voulait dire que Paris était en insurrection et que la province devait soutenir, appuyer cette insurrection.

L'accusé. Il y avait chez le maire 30 ou 40 personnes qui parlaient toutes en même temps, dans la plus grande confusion; je n'ai pu entendre tout ce qui a été dit.

Du reste on confond les heures à notre arrivée à la mairie, en nous voyant, on nous avait envoyés près du maire, dans une réunion qui avait déja lieu, et ce n'est que postérieurement qu'arriva l'envahissement du cabinet.

Le cit. président. Vous avez témoigné votre étonnement de ce que le maire ne prenait pas des mesures quand d'un moment à l'autre le canon de la citadelle annoncerait un empereur.

L'accusé. J'ai dit: peut-être! L'émotion publique avait accrédité ces bruits de coups-d'état, à cause de la contradiction remarquée dans les dépêches.

Le cit. président. Le maire a dit que les Prussiens et les Russes approchaient du Rhin.

L'accusé. C'était vrai! nous entendions de Strasbourg le canon prussien et cela n'était pas rassurant, et nous avions le droit de croire, d'après ce qui se passait autour de nous, que l'autorité militaire et administrative cachait les dépêches à l'autorité municipale.

Le cit. président. Vous avez été accueilli à votre sortie de la mairie par les cris : Vive la guillotine, à la potence le président? Spach, officier d'état-major, a entendu ces cris ainsi que Kieffer.

L'accusé. Vous vous trompez, cette déposition s'applique à un autre rassemblement dans la rue Brûlée. M. Kieffer ne dit nullement que j'étais avec ceux qui proféraient ces cris.

Les cris n'avaient du reste rien de neuf, à Strasbourg, où la population avait l'habitude d'en entendre répéter depuis longtemps.

Le cit. président. Kieffer a dit que partout où le maire se présentait, il était accueilli par les cris de Vive la Montagne! Vive Ledru-Rollin! Il a entendu un homme en blouse répéter à plusieurs reprises : Vive la guillotine! à bas le président!

L'accusé. Mais je n'étais pas là, personne ne m'y a vu, et quand j'y aurais été, suis-je responsable des cris d'un homme isolé?

Le cit. président. N'avez-vous pas dit qu'en cas de refus de certaines garanties données par l'autorité, on s'exposait à la guerre civile?

L'accusé. Si je ne l'ai pas dit, c'était du moins dans mon opinion, et je puis avoir dit au procureur-général, avec qui j'ai parlé alors, que je craignais, si le général n'accordait pas à la garde nationale certaines marques de confiance, qu'il ne résultât de ce refus des troubles regrettables.

Le cit. président. N'avez-vous pas dit chez le général que la Constitution était violée, que la garde nationale exigeait des garanties, et qu'elle considérerait comme des garanties une distribution de cartouches?

L'accusé. L'opinion publique était émue. On craignait un coup-d'état militaire. A nos observations à ce sujet, le maire répondit qu'il avait vu le général, qu'il l'avait trouvé très-bien disposé. Comme je témoignais encore quelqu'hésitation, le maire s'écria : Eh bien! allons chez le général. La foule nous suivait, le maire arrêta la foule d'un mot, — ce qui prouva qu'il n'y avait ni complot ni insurrection, — et désigna lui-même les personnes qui devaient le suivre chez le général : moi, M. Engelhardt et deux autres.

Quand nous fûmes en présence du général, M. le maire, je
ne sais trop pour quelle raison, me donna la parole. Je ne
croyais pas avoir à parler, je n'avais rien préparé. Du reste,
nous n'avions pas exprimé des exigences; je me suis donc
borné à demander au général l'explication du fait grave. On
nous avait dit que les troupes avaient reçu de la poudre. Le
général nous répondit que le fait était des plus simples : qu'un
régiment était arrivé le matin, et que suivant l'habitude on
lui avait distribué de la poudre. Le général ajouta que lui
et nous, nous étions tous d'accord, qu'il était comme nous
pour la Constitution. Je lui répliquai que nous n'étions pas
d'accord sur la question de la violation. Il me répondit qu'il
était soldat, et qu'il ne discutait pas cela. Il ne fut nullement
question de faire occuper la citadelle par la garde nationale.
Je demandai seulement que la garde nationale partageât les
postes de la ligne, qu'on lui fît cette concession pour lui
donner une marque de confiance, lui faisant remarquer que si
nous avions confiance en lui, nous pouvions bien obtenir en
retour une confiance égale. Je demandai aussi au général qu'il
fît distribuer des cartouches à la garde nationale aussi bien
qu'à la troupe. Toutes nos demandes se bornèrent là, et j'affirme qu'il n'a pas été question de former une commission pour
assister à l'ouverture des dépêches: il n'a été question que de
la Commission municipale.

Le cit. président. Ainsi vous n'avez exercé aucune pression sur
le maire pour le conduire chez le général?

L'accusé. Aucune.

Le cit. président. On a dit que vous aviez ajouté, chez le général, que vous exigiez que les dépêches fussent ouvertes devant
vos délégués.

L'accusé. Je le nie formellement.

Le cit. président. Vous demandiez que les dépêches fussent
ouvertes devant un membre de la commission municipale; était-
ce un droit?

L'accusé. Nous étions dans un état de défiance, et d'ailleurs le
général, le préfet et le maire avaient déjà résolu de se communiquer les dépêches. Si nous avions connu cette circonstance,
nous n'aurions plus eu aucun motif de faire cette demande. Il
était juste que des personnes dans une position officielle connus-
sent les dépêches.

Le président. A-t-on voulu arrêter le colonel Winterhalter?

L'accusé. Non.

Il paraît qu'on a fait des propositions insolentes, qu'on a
voulu engager la garde nationale dans une lutte.

L'accusé. Non, j'ignore ce propos.

Le cit. président. N'avez-vous pas vu charger des armes en criant: vive les rouges! l'instruction le prouve.

L'accusé. Le témoin Kern a fait une déposition différente. On sait du reste qu'à toutes les prises d'armes, la garde nationale chargeait les armes et même tirait quelquefois en l'air en signe de réjouissance. J'ai souvent eu lieu, comme capitaine, de blâmer ces habitudes. On ne cessait depuis plusieurs jours de crier: vive les rouges, il n'y avait donc aucune coïncidence préparée et ce n'est pas là un cri séditieux.

Le cit. président. Le lieutenant-colonel Winterhalter a déclaré qu'il se faisait à lui-même l'effet d'un homme qui n'est pas dans le secret d'un drame où il a un rôle. N'y avait-il pas d'après cela des indices qu'il y avait conspiration? Brentano n'a-t-il pas annoncé à Carlsruhe que la garde nationale de Strasbourg occupait la citadelle.

L'accusé. Je crois que Brentano a employé ce moyen pour remonter le moral des soldats. Quant à une connivence entre nous et Brentano, elle tombe devant ce fait, que Brentano donnait cette nouvelle à Carslruhe le 15 seulement, et qu'on va en deux heures de Strasbourg à Carslruhe.

Le cit. président. M. Durieu a entendu dire que le coup de main tenté à Strasbourg, la veille, 14 juin, était la conséquence d'un mot d'ordre venu de Paris.

L'accusé. On n'a pas affirmé; on a dit, peut-être.

M. Durieu a sans doute pressé son interlocuteur de questions pour lui tirer, comme on dit, permettez-moi cette expression vulgaire, les vers du nez. Quelqu'un a bien dit, que la garde nationale voulait livrer la citadelle aux Badois: je m'étonne que l'accusation ne se soit pas emparée de ce bruit aussssi calomnieux que l'autre.

Le cit. président. On a dit que depuis huit jours, la garde nationale préparait des armes.

L'accusé. C'est un bruit de café répandu par un homme isolé.

Le cit. président. On a demandé des armes, des moules à balles, de la poudre. Schnepp, accusé contumace, a été à Bischewiller dans ce but.

L'accusé. Schnepp est le seul habitant d'Haguenau qui ait été signalé comme ayant pris part aux affaires du 14 juin. S'il n'y avait qu'un seul insurgé dans tout Haguenaux, ville remplie de nos amis politiques, de nos amis coréligionnaires, il est donc évident que nous n'avions établi aucune affiliation à Haguenau.

Le cit. président. Cependant Schnepp a été au bureau du *Démocrate* en arrivant à Strasbourg?

L'accusé. Parce qu'il y connaissait un employé.

Le cit. président. Quelqu'un a répété en plusieurs endroits: les bleus et les blancs ne sont plus rien, bientôt les rouges seront tout.

L'accusé. C'est encore un de ces propos de brasserie, comme il y en a tant; personne ne peut songer à rattacher à un parti les paroles isolées de quelques.habitués de brasserie.

Le cit. président. Mais votre journal... un journal sérieux, a publié un manifeste de la Montagne sous la forme d'appel au peuple lorsque l'Assemblée nationale avait refusé la mise en accusation des ministres, et votre journal ajoute que la majorité s'est rendue complice du gouvernement.

L'accusé. J'ai déjà dit que cet article avait été publié par un journal de Paris auquel je l'avais emprunté. Si je suis légalement, responsable de cet article, je ne le suis pas moralement.

Le cit. président. Cet article ne vous a-t-il pas paru violent?

L'accusé. Il m'a paru approprié aux circonstances du moment quand la Constitution était violée.

Ici un mot ou un geste partis de l'auditoire et qui nous ont échappé, provoquent de la part du président une violente sortie qu'il termine ainsi et avec colère :

J'ordonne que toute personne, dans l'auditoire, qui proférera une parole, un geste, soit mise immédiatement à la porte. Et si on n'obtempère pas à cet ordre, j'ordonne en vertu de mon pouvoir discrétionnaire que cette personne soit saisie et jetée en prison pour 24 heures sans que la cour ait à en délibérer.

Je continue : le 14 juin, à Lyon le sang français coulait, inondait le sol.

L'accusé. Est-ce une question?

Le président. Non, continuez.

L'accusé. Pour revenir au droit de la majorité, mis en cause dans cet article, je vous dirai ce que le 14 juin j'ai dit au préfet. « Nous sommes ici en Alsace, la Prusse nous convoite, nous la voyons se développer sur nos rives. S'il plaisait à l'Assemblée de décider que l'Alsace sera changée contre telle ou telle autre contrée, devrions-nous nous ranger à l'avis de l'Assemblée.

Le président. Oui, vous avez raison, nous Français, nous ne saurions admettre qu'une majorité saisisse une portion de la France et en dispose; mais je m'arrête.... Votre hypothèse était mal choisie.

L'accusé. C'est que chez nous, M. le président, nous sommes soupçonneux; c'est que nous nous rappelons avoir vu une partie de cette majorité rentrer en France, il n'y a pas encore bien longtemps, sur les fourgons de l'étranger.

Le Rédacteur-Gérant, E. Quesne.

Metz. — Imp. de J.-P. TOUSSAINT, place d'Austerlitz, 82.

COUR D'ASSISES DE LA MOSELLE.

Présidence du citoyen P. GRAND, conseiller.

Suite de l'Audience du 17 Octobre 1849.

Le *cit. président.* M. l'avocat-général a la parole pour adresser quelques questions à l'accusé.

Le *cit. avocat-général.* Comment, si la solidarité républicaine était dissoute en janvier et poursuivie, comment se fait-il que le *Démocrate* ait encore inséré les statuts de cette association en mars?

L'accusé. Quand nous avons appris les poursuites, nous avons cessé les rapports; plus tard nous avons cru devoir faire un appel à l'opinion publique sur les principes de cette société.

Le *cit. avocat-général.* Vous avez dit que le comité central démocratique n'existait pas à Strasbourg, n'y a-t-il pas eu avant les élections un comité électoral sous ce nom?

L'accusé. Oui, il y en avait même deux, et j'étais membre de l'un des deux.

Le *cit. avocat-général.* Parmi les personnes rassemblées chez Danubach, n'y avait-il pas des membres de ce comité?

L'accusé. Non, sûr.

Le *cit. avocat-général.* Vous avez dit que l'article publié le 14, sous ce titre: la *patrie est en danger*, est tiré d'un journal de Paris.

L'accusé. Oui, je l'ai en ma possession, il m'est parvenu par la poste et cet article incriminé dans plusieurs départements, a été acquitté partout et notamment à Metz, il y a peu de temps.

Interrogatoire de l'accusé de Toulgoët.

Le *cit. président.* Accusé Toulgoët, vous êtes l'un des rédacteurs du *Démocrate du Bas-Rhin?*

L'accusé. Non, M. le Président.

Le *cit. président.* Vous êtes convenu dans l'instruction que vous y aviez fourni plusieurs articles au mois de juin.

L'accusé. Veuillez me permettre quelques explications. Quand ce journal parut il n'avait pas de rédacteur; c'est une grande difficulté de trouver à Paris un rédacteur pour un journal de province. On me pria de me charger provisoirement de ces fonctions, je n'acceptai qu'à la condition expresse qu'elles seraient provisoires, et je les gardai huit jours à-peu-près. Ce temps écoulé, je cessai, pour des causes étrangères à la politique, de diriger la rédaction du *Démocrate ;* je cessai même de coopérer à cette rédaction. Ce n'est que plus tard, alors que l'émotion produite par les événements politiques vint préoccuper les esprits, que j'écrivis quelques-unes de mes impressions personnelles ; je le fis surtout pour alléger le travail de M. Küss qui était seul. Les articles que je fis alors, je ne les portai pas moi-même au bureau du journal, je les mettais sous enveloppe et les envoyais par un domestique.

Le cit. président. N'étiez-vous pas en relation avec des insurgés du duché de Bade ?

L'accusé. Non M. le Président.

Le cit. président. N'avez-vous pas été à Carlsruhe ?

L'accusé. Le dimanche, jour de l'explosion, les troupes du prince avaient été balayées du territoire badois, les chefs du mouvement pensaient à organiser une défense. On vint me consulter, comme ancien officier de l'armée française, comme élève sortant des écoles militaires. Dès que j'eus été mis en rapport avec ces chefs, je compris qu'ils n'avaient pas la popularité nécessaire pour organiser utilement une force politique ou militaire ; je le leur dis et je revins immédiatement à Strasbourg.

Le cit. président. N'avez-vous pas été le 14 juin au bureau du *Démocrate ?*

L'accusé. J'y ai été d'abord par habitude, car tous les jours j'y prenais en passant le numéro du journal qui m'était destiné, et ensuite parce qu'il y avait dans l'air une émotion, dans les esprits une inquiétude qui me faisaient désirer plus vivement de me procurer des nouvelles. Là je vis M. Küss ; après quelques mots échangés sur la situation, on parla d'un fait particulier à une personne attachée au journal, qui intéresse cette personne, sans qu'il soit besoin d'en parler ici. On n'entra pas pour parler de cette affaire dans une salle particulière. Je ne connais pas la topographie des bureaux du *Démocrate,* car je ne les fréquentais pas ; je sais seulement que la salle où nous nous trouvions était pour ainsi dire publique, entourée de cours, d'ateliers, de couloirs dans lesquels la circulation n'a pas cessé un instant, pendant que nous nous y trouvions.

Le cit. président. En se séparant, n'a-t-on pas résolu de prendre les armes, n'a-t-on tenu aucun propos à cet égard ?

L'accusé. Je vais vous expliquer comment il se fait que j'aie pu entendre des propos que Küss n'a pas entendus. Après la sortie de M. Küss, je suis rentré pour prendre mon chapeau au moment où on disait que des dépêches étaient arrivées, qu'il y avait à craindre un coup d'état, que peut-être on allait proclamer l'empire et qu'il était du devoir des citoyens de veiller au moment où un danger menaçait la République.

Le cit. président. Mais en juin 1848, Paris a été mis en état de siège comme en juin 1849 et il n'a pas été question de soupçons semblables, d'empire, de coup d'état?

L'accusé. Les deux situations sont bien différentes. En 1848 le pouvoir était dans les mains d'hommes d'un tempérament républicain. En 1849 nous avions le droit de nous rappeler les tendances deux fois manifestées de M. Bonaparte. La population de Strasbourg est éminemment démocratique et dévoué à la constitution, elle avait des craintes et ces craintes pouvaient être fondées.

Le cit. président. Le peuple n'a pas besoin de prendre les armes pour faire connaître sa volonté; la Constitution lui reconnaît un droit plus fort que les armes, il a le vote; il nomme ses représentants. Employer d'autres moyens serait contre la Constitution.

L'accusé. Je suis précisément sur ce banc parce que l'accusation a la conviction que la population du Bas-Rhin est éminemment dévouée à la Constitution.

Le cit. président. Il faut respecter les décisions de la majorité. La majorité est l'expression des vœux de la majorité des citoyens. Ne prêtez pas au peuple vos idées personnelles : moi j'ai la prétention d'être aussi du peuple. Aujourd'hui, sous la Constitution qui nous gouverne, il n'y a plus de classes, il n'y a que des citoyens tous égaux !

Faisiez-vous partie des citoyens qui allèrent prendre les armes?

L'accusé. Evidemment non.

Le cit. président. Vous étiez capitaine; en votre qualité de capitaine, lorsque vous avez vu qu'on allait prendre les armes, pourquoi ne vous y êtes-vous pas opposé?

L'accusé. Il est douteux qu'on m'aurait écouté; il était plus simple d'aller à l'autorité municipale pour la prévenir qu'on s'armait.

Le cit. président. Comment se fait-il qu'à la mairie vous étiez un des plus animés? Vous avez déclaré qu'il fallait adjoindre d'autres membres au conseil municipal. Ce sont là des mesures révolutionnaires, et nous n'étions pas alors en révolution.

L'accusé. Je suis étranger à l'Alsace; j'ai quelquefois des paroles plus colorées que la plupart des habitants de ce pays; il est possible que cela ait fait qu'on m'ait remarqué plus que tout autre, dans la journée du 14 juin.

L'autorité municipale était presqu'envahie; j'ai craint que dans la confusion générale cette autorité ne fut méconnue quand j'ai témoigné ces craintes, un membre du conseil municipal ayant sans doute mal compris ma pensée, m'a demandé si j'exigeais donc l'adjonction de quelques citoyens à la commission municipale. C'est un vœu qu'on m'a prêté, mais que je n'ai pas manifesté.

Le cit. président. On vous a dit que le conseil municipal était le produit du suffrage universel. Vous avez répondu, dit-on, que

. assemblée législative était aussi le produit du suffrage universel et qu'elle avait néanmoins violé son mandat.

L'accusé. Je ne l'ai pas dit.

Le cit. président. Vous avez demandé qu'on livrât l'arsenal, la citadelle ?

L'accusé. J'ai été militaire pendant 12 ans et je dois connaître assez les choses militaires pour savoir qu'une telle demande ne pouvait être admise. J'ai dit qu'il était nécessaire de prendre des mesures et non qu'il fallait donner des garanties, parce que la population de Strasbourg est toute démocratique et dévoué à la Constitution.

Le cit. président. Avez vous été chez le général ?

L'accusé. Non M. le président.

Le cit. président. L'accusation m'apprend qu'on vous a vu vous immiscer au commandement à l'état-major. Vous avez dit que si on ne donnait pas d'ordre vous prendriez sur vous d'en donner. Un officier d'état-major a dit que vous aviez adressé des paroles violentes au lieutenant-colonel Winterhalt.

L'accusé. J'ai pu croire, d'après ce qui se passait qu'il y avait concert entre le général et la mairie pour agir en dehors de la garde nationale. J'ai donc dit au colonel Winterhalt qu'il était nécessaire de donner des ordres pour que la garde nationale sortit de l'inaction où elle était ; que si ces ordres n'étaient pas bientôt donnés, moi, dans l'état de la situation, je prendrais sur moi de les faire exécuter ; j'ai pu le dire avec des paroles un peu vives ; mais je dois ajouter que dans sa déposition, le colonel n'en a pas fait mention.

Le cit. président. Vous avez dit : « c'est le moment de montrer de l'énergie, que veut dire cela ? Vos paroles ont été accueillies par des bravos.

L'accusé. Lorsque le général est arrivé à la mairie on venait de recevoir une nouvelle dépêche ; il n'était plus question de laisser la garde nationale sous les armes. J'ai dit, il faut passer la garde nationale en revue, il faut avoir la résolution de son opinion, il faut avoir l'énergie de faire témoigner du respect de la garde nationale pour la Constitution.

Le cit. président. On a remarqué près de vous un jeune homme à chevelure rousse, il était très-violent, il voulait qu'on marchât vers la citadelle, et il vous accompagnait partout.

L'accusé. En effet, M. Lombard me suivait partout ; j'ai voulu avoir des renseignements sur lui. C'est un homme très-jeune encore, très-ardent, et s'il est permis de mêler un épisode plaisant aux débats de cette affaire, je dirai que ce jeune homme, en apprenant le contenu des dépêches, alla chez une femme qui était sa maîtresse, il prît des pistolets et l'embrassa en disant : vous m'embrassez peut-être pour la dernière fois ; il peut se faire que ce soir je sois mort pour la France. Ce jeune homme, inoffensif du reste, était comme vous voyez fort exalté.

Le cit. président. Et vous ne le connaissiez pas?

L'accusé. Non Monsieur, il s'est attaché à mes pas sans doute pour se donner de l'importance.

Le cit. président. L'ordre a été donné à une compagnie, par le colonel de ne pas aller à l'hôtel-de-ville, et vous avez donné l'ordre de l'y faire entrer.

L'accusé. Quand l'ordre est arrivé, cette compagnie venait d'exécuter un mouvement de conversion pour entrer à l'hôtel-de-ville et elle était sur le point d'y pénétrer. Afin de ne pas indisposer inutilement la garde nationale, l'officier chargé de communiquer l'ordre s'en abstint pour le moment, je fis signe aux gardes nationaux de continuer et je dis en souriant au colonel : « une de plus ou de moins qu'importe. » Le colonel se retira en haussant les épaules et en disant : « si tout le monde commande ici, il vaut autant que je me retire. Le *cit. président.* C'est de l'anarchie cela.

Me J. Favre. Ce n'est pas de l'anarchie, M. le président, c'est de la garde nationale.

L'accusé. S'il y a eu de l'anarchie, c'est de la part de l'officier qui a obéi à un ordre qu'il ne devait pas accepter. Si je suis ici pour cela, c'est lui qui devrait y être.

Le cit. président. Vous avez dit au juge d'instruction que vous avez eu l'idée des adjonctions à la commission municipale, par suite de ce qui s'est passé en février 1848. Vous vouliez donc substituer un autre gouvernement à celui de la République, une autre autorité à l'autorité qui existait?

L'accusé. M. l'adjoint n'a pas entendu ces paroles; je ne les ai pas prononcées. J'ai dit au juge d'instruction que dans un cas grave, cela aurait pu devenir un moyen d'éviter une collision, qu'on serait heureux, au prix d'une si faible concession, d'éviter l'effusion du sang; mais j'ai dit aussi au juge d'instruction qu'à aucun moment de la journée, je n'avais fait officiellement cette proposition. Dans la conférence qui eût lieu à l'hôtel-de-ville, le maire offrit deux fois sa démission. Si j'avais jamais songé à ambitionner une place qui ne convient ni à mon âge, ni à mes occupations, ni à ma solidité dans le pays, j'avais certes là une belle occasion pour m'emparer du sceau pour donner des ordres et diriger ma petite armée. Je suis tellement resté calme à la mairie, que j'ai même évité de crier vive la République, dans la crainte que mon exemple n'encourageât d'autres cris qui auraient pu passer pour séditieux Je ne saurais être responsable de ce qu'on peut crier dans la rue, personne ne m'a jamais rien entendu crier; parce qu'il n'est pas dans mes habitudes de rien crier. Je suis un homme d'ordre, de liberté, de famille; j'ai intérêt à ce que tout ce qui touche à l'ordre, à la liberté, à la famille, soit sauvegardé.

Le cit. président. L'article incriminé, commençant par ces mots : « *La Constitution est violée...* » est de vous; comment faisiez-vous un appel si violent au peuple?

L'accusé. Rien ne me forçait à dire que cet article était de moi ; si je l'ai dit, c'est qu'on me l'a présenté en me demandant : Cet article est-il de vous ? et que je n'ai jamais su mentir. Cet article contient des appréciations du caractère de certains hommes qui, ayant pris part à la Constitution, l'avaient violée, et j'ai dû leur parler sévèrement. J'ai dû faire de ces hommes une appréciation toute locale, et qui n'aurait même aucune portée si elle était lue à Metz. À mes yeux, la violation de la Constitution était manifeste, depuis le premier jour de l'expédition, et si dans cette conviction, moi, homme d'ordre, je n'ai pas fait un appel au peuple, c'est que je ne l'ai pas cru nécessaire ; mais je n'hésite pas à dire que je l'aurais fait si cela m'eût paru nécessaire. Je l'aurais fait parce qu'un appel au peuple n'est pas un appel aux armes. Le peuple peut manifester sa volonté par d'autres moyens que par les armes, et c'est précisément là ce en quoi gît la Démocratie.

Interrogatoire de Dannbach.

Le cit. président. Vous avez été signalé comme membre d'un comité démocratique.

L'accusé. Non, jamais.

Le cit. président. Vous imprimiez le *Démocrate ?*

L'accusé. Oui, M. le Président.

Le cit. président. L'accusation vous prête l'intention d'avoir voulu exciter à la guerre civile.

L'accusé. Je n'ai jamais eu d'autre intention que d'exercer ma profession d'imprimeur. En ma qualité d'imprimeur, j'ai imprimé l'*Alsace*, journal conservateur ; l'*Impartial*, journal légitimiste. J'exécute les travaux qui me sont commandés.

Le cit. président. N'avez-vous pas préparé une forme destinée à tirer à 5000 exemplaires le manifeste de la Montagne ?

L'accusé. Oui, le 15 au soir.

Le cit. président. Pourquoi vouliez-vous tirer à part et répandre dans le public un article violent ?

L'accusé. Mais l'article n'avait pas été incriminé et le journal aussi avait été répandu dans le public. Je me suis préparé à l'imprimer parce que M. Erckmann me l'avait demandé.

Le cit. président. Est-ce parce que vous avez vu que le mouvement avait manqué, que vous avez discontinué d'imprimer ?

L'accusé. C'est parce qu'on me l'a décommandé.

Le cit. président. Qui vous a remis la minute d'un placard émané d'un comité démocratique ?

L'accusé. M. de Laboullaye. Il m'a dit : composez, imprimez et faites afficher. J'ai suivi ses instructions. J'avais fait les déclarations exigées par la loi. Je ne croyais pas ce placard de nature à exciter à la guerre civile ; si je l'avais cru, je ne l'aurais pas imprimé.

Le *cit. président*. N'avez-vous pas réclamé un ouvrier arrêté tandis qu'il affichait ce placard?

L'*accusé* Oui, c'était un honnête ouvrier, qui avait exécuté mes ordres, il était de mon devoir de le réclamer.

Le *cit. président*. En effet, ce sentiment était bien naturel.

Audience du 18 octobre 1849.

L'audience est reprise à huit heures du matin. M. le procureur-général vient s'asseoir, en habit de ville, au siège du ministère public.

Le *cit. président*. Avant de passer à l'interrogatoire du quatrième accusé, je vous dois, MM. les jurés, une observation sur la thèse développée jusqu'à présent par les accusés. Nous avons demandé des garanties, ont-ils dit: nous nous sommes revêtus de nos uniformes, nous avons provoqué le rappel, crié à la constitution violée, non dans une intention mauvaise, mais avec la conviction d'exercer nos droits de citoyens. Ces moyens sont-ils justificatifs? je vais vous lire 5 articles de la constitution.

(M. le président lit les articles 2, 5, 7 du préambule de la constitution et un fragment du rapport de M. Marrast, et appelle l'attention du jury sur les passages suivants: La souveraineté du peuple réside dans l'universalité des citoyens, aucune fraction du peuple ne peut s'en attribuer l'exercice. La minorité convaincue, tranquille, a pour elle la presse, l'association et le temps, ce puissant auxiliaire. Quant aux minorités turbulentes, elles ne peuvent attendre qu'une répression sévère. En présence de la constitution, l'insurrection devient le plus grand des crimes; au-delà du suffrage universel, il n'y a que le cahos.)

Mᵉ *Louis*. Je demande l'autorisation de placer ici une observation? M. le président, vous nous avez fait observer que la défense ne doit pas s'immiscer dans les interrogatoires, et la défense s'est tue; elle a laissé un libre cours aux interrogatoires. Si nous voulions anticiper nous pourrions vous dire que l'accusation est morte, que les interrogatoires l'ont tué; c'est mon opinion, je ne l'ai pas émise; mais si la défense a des devoirs, elle a des droits. Fils de magistrat, je dois vous dire, avec tout le respect que je porte aux magistrats, que les limites de vos droits, M. le Président, ont été dépassées! Vous venez de faire un cours de politique. Mais dans les observations que vous avez eu la bonté de faire, M. le président, des inductions, une accentuation personnelle, ont laissé percer votre opinion qui, toute consciencieuse qu'elle soit, ne doit pas se révéler. Vous avez lu que l'insurrection était le plus grand

des crimes ; ce qui peut faire supposer qu'il y avait ici une insurrection dont le jury avait à se préoccuper. Nous n'avons pas le
droit de discuter : ni M. l'avocat-général, ni nous défenseurs, je le
reconnais. MM. les jurés, vous n'avez donc point à vous préoccuper
de ces commentaires, et de ces discussions quelqu'éloquentes qu'elles
soient ; elles ne doivent être d'aucun poids dans la balance de la
justice que vous tenez avec tant de fermeté. Daignez seulement vous
rappeler que tout ce qui vient de se passer, s'est accompli en dehors
des attributions des uns et des autres !

Le *cit. président* à Laboulaye. Vous connaissez le rôle que vous
assigne l'acte d'accusation : quelle est votre réponse ?

Laboulaye. Je n'ai jamais fait partie du comité de rédaction du
journal, mes fonctions s'y opposaient. J'étais membre affilié du
club de la Réunion des Arts ; je reconnais le manuscrit que vous
me montrez : celui que j'ai remis à Dannbach entre deux et trois
heures. Voici dans quelles circonstances il a été créé : j'allais
chercher le journal au bureau à mon heure accoutumée ; j'y rencontrai plusieurs personnes. On parla des dépêches, d'un coup
d'état prochain. L'idée vint de rédiger une adresse à l'armée : je
l'écrivis. Arrivé à la fin, je voulus mettre les noms des assistants :
plusieurs s'en étaient allés, et les quelques personnes qui restaient
n'étant pas assez connues à Strasbourg, je songeai alors au comité
central démocratique qui avait, un mois auparavant, dirigé les
élections, et je mis au bas de l'affiche la signature du *comité* au
lieu des mots *les citoyens*, que j'avais déjà commencé à écrire. Je
voulais donner à cet appel à l'armée un caractère sérieux. J'avais
des idées loyales, franches, j'étais inspiré par les circonstances. En
agissant ainsi, je ne croyais pas faire un appel au désordre ; ainsi je
lis un passage : « Vous défendrez la Constitution, la République,
la Patrie ! »

Le *cit. président.* Je suis embarrassé comme président ; car prendre une signature étrangère, cela n'est pas loyal : c'était tromper le
peuple. Que ne signiez-vous Froc de Laboulaye ?

Laboulaye. A Strasbourg, je suis excessivement peu connu. Si
j'avais pensé agir contre les idées du *Comité central démocratique,*
j'aurais mal agi ; mais voyant dans cette action une chose bonne,
bien convaincu que, dans leur patriotisme, les membres du comité
approuveraient ce que j'ai fait, j'ai dû prendre cette résolution. J'ai
trompé le peuple, dites-vous ? Écoutez : lorsque vous arrivez près
d'un malade à l'extrémité, vous le rassurez sur son état, vous le
consolez, vous lui dites cela ne sera rien, vous le trompez, à la ri-
gueur. Eh bien ! est-il jamais venu à l'esprit de personne de trouver
cela déloyal ?

Le *cit. président.* Voyez dans la conduite de Lombard, dans les
espérances de Werber, l'influence funeste de votre affiche ?

Laboulaye. Rien ne prouve que leur exaltation doive être attribuée à mon écrit. Lombard était depuis plusieurs jours dans un état d'esprit remarquable : il est très-jeune, et il a commis des actes — je suis fâché de le dire — assez ridicules !

Le cit. président à Erckmann : Quelle a été votre conduite dans la journée du 14 juin ?

Erckmann. Je faisais partie du comité d'administration du journal. A la nouvelle des dépêches, je suis accouru à la mairie, où je trouvai tous les citoyens dans une grande préoccupation. On parlait de l'expédition de Rome détournée de son véritable but, et on la considérait comme le prélude d'un 18 brumaire. Je cherchai à les rassurer ; je remarquais dans les groupes des individus que leur physionomie et leur langage me dénonçaient pour des étrangers, et qui sxcitaient au tumulte. Avec de bons républicains, nous avons réussi à empêcher ce tumulte de s'élever. J'étais présent quand M. le maire a ordonné de battre le rappel, et quand le lieutenaut-colonel lui demanda un ordre par écrit. Je vis un tambour sortir de l'hôtel de ville au milieu de la foule. Quatre hommes et un caporal accompagnaient le tambour ; j'ai tiré mon sabre et l'ai accompagné durant vingt-minutes. Je n'ai pas poussé un cri ; si j'ai parlé de générale, c'est de surprise de l'entendre battre. Pendant quelque temps je ne prenais pas garde à la substitution de la batterie. Je n'ai pas brandi mon sabre : j'ai pu seulement saluer avec cette arme quelque amis en passant. Je n'ai pas donné d'ordre au tambour Thiebaut de battre la générale et pour les autres ordres que j'ai communiqués, je n'étais que l'intermédiaire du commandant Hey. Dire que j'ai donné des ordres de faire marcher une compagnie à la préfecture et quinze hommes pour s'emparer du télégraphe, c'est une des exagérations dont fourmille l'acte d'accusation. Je fis remarquer au commandant Hey qu'il serait prudent de protéger le télégraphe : j'avais entendu proférer quelques cris menaçants ; le commandant causait alors avec M. le maire sous les arcades de la mairie ; M. le maire dit ; « Nous allons passer la revue, c'est inutile ! puis il me donna l'ordre de lui composer une escorte avec les officiers d'état-major. L'accusation, pour examiner tous ces faits s'est servi d'un microscope au lieu de lunettes (rire général). Je reconnais avoir commandé à Dambach le tirage de trois mille exemplaires, mais dans un simple but de spéculation sur la curiosité publique..

Le cit. président à Silberling. N'avez-vous pas été poursuivi ? que répondez-vous à l'acte d'accusation ?

Silberling. Il y a eu contre moi une poursuite correctionnelle. J'ai été acquitté avec tous les honneurs sur une accusation très-grave : il s'agissait d'escroquerie. Mon défenseur est porteur du jugement où le tribunal rend hommage à ma probité.

Le cit. avacat-général. N'y a-t-il pas eu appel de ce jugement ?

Silberling. Du ministère public, oui.

Mᵉ Jules Favre. Vieille machine de guerre !

Me Engelhard. Cela fait ombre dans le tableau.

Silberling. Je fais partie du club de la Réunion des arts, rue des Juifs, et non pas de celui de la rue Sainte-Hélène. J'ai assisté deux ou trois fois aux réunions de ce dernier. Je reconnais avoir dit un jour qu'il fallait jeter 100,000 hommes de l'autre côté du Rhin, et que l'armée, jusqu'à ce jour, n'avait été chargée que de garder les socialistes : mon opinion est que la démocratie n'est pas encore établie, en ce sens que l'exploitation de l'ouvrier par le maître n'a pas encore disparu. J'ai aussi parlé au club du droit au travail, mais seulement lorsque l'Assemblée constituante s'en occupait ; je me trouve trop heureux d'avoir la Constitution de 1848, et j'espère que dans deux ans, en vertu de l'article 111, le droit au travail sera sanctionné. Oui, j'ai proposé l'institution d'un comité de salut public ; mais vous me permettrez de suite une observation. A la séance du 9 juin on a annoncé la prise de Rome, ce qui a exaspéré les esprits. Un orateur proposa de faire une pétition, un autre des barricades ; c'est alors que je demandai la parole. Il n'est nullement entré dans mon esprit d'évoquer les souvenirs de 93 que j'ai toujours blâmés et combattus, et cela est si vrai que, pour mon esprit pacifique, les gens de mon parti doutaient de mon républicanisme. J'ai donc proposé seulement de nommer une *commission spéciale* qui veillerait à obtenir la presque totalité des signatures de mes concitoyens et serait déléguée à Paris pour assurer l'efficacité de la pétition près du Gouvernement.

Si j'étais révolutionnaire, anarchiste, je me serais gardé de faire quelque chose qui pût me compromettre. Je m'attendais déjà à passer en justice pour mes opinions, car, en révolution, le parti qui triomphe est toujours persécuteur.

Le cit. président. Sachez que c'est la justice du pays, et non l'esprit de parti qui vous juge ici.

Silberling. Si je considérais MM. les jurés comme des hommes de parti, j'aurais refusé de me défendre. (Cette réponse faite avec un naturel parfait, excite parmi le jury une certaine sensation). Je ne me suis point attribué au club l'honneur de la manifestation : je m'en suis fait l'historien. J'ai dit que la réaction s'était glissée dans les rangs de la garde nationale : c'est vrai. J'ai ajouté que le commandant Hey avait mal agi ; car le lieutenant-colonel étant un vieillard qui ne jouit pas de la confiance générale au point de vue politique, — toute l'instruction le prouve, — il aurait dû le décharger de la direction de la légion.

Me Engelhardt donne lecture à MM. les jurés d'un considérant du jugement d'acquittement de Sibberling, considérant qui rend hommage à sa probité, à sa piété filiale et à ses vertus domestiques.

Silberling. J'ai encore un mot à dire au sujet de ce jugement qui m'honore. Je me suis présenté la conscience nette devant les juges de ma localité, et je n'ai pas douté un instant de mon acquittement. Mais en présence des motifs du jugement que vous venez d'entendre, j'ai eu lieu d'être étonné de l'appel que le ministère public a interjeté. (Mouvement.)

Le cit. président. Faites entrer le premier témoin.

Fichter, commissaire de police à Strasbourg. C'était donc le 14 juin, la générale était battue; je me suis rendu au cabinet de M. le maire, et j'ai entendu ces messieurs (désignant les accusés Küss et Toulgoët) assez animés, qui faisaient plusieurs propositions pour sortir d'embarras. En sortant de la mairie j'ai rencontré M. J. Erckmann conduisant un détachement de gardes nationaux qui escortaient un tambour : celui-ci battait la générale. M. Erckmann avait le sabre tiré, mais ne le brandissait pas, et il ne jetait pas de cris : cette batterie me surprit, parce que je savais que M. le maire avait ordonné de battre le rappel et non la générale. J'ai vu M. Silberling monter dans l'antichambre du cabinet de M. le maire; il ne disait rien, il ne faisait rien. (Rire général). Dans la cour il y avait une foule de personnes qui criaient vive la *République démocratique*, etc.

Le cit. président. Ce ne sont pas des et cætera que nous demandons. Avez-vous vu Silberling tenir un discours?

Fichter. Oui, j'ai vu Silberling pérorant, si vous le voulez. (Rires).

Le cit. président. Je ne veux rien du tout.

Fichter. Eh bien, oui, il pérorait J'étais comme tout le monde, dans l'attente d'un événement; j'ai dit alors à M. Weger, je crois : « Ce n'est pas une révolution qu'on veut. » Mes agents m'ont apporté deux placards de l'appel à l'armée, que j'ai envoyés à la mairie. Quant au *Comité central démocratique*, ou était étonné de voir ce nom sur l'affiche : personne n'en avait connaissance. Je n'avais aucun ordre de poursuivre les sociétés secrètes; je ne m'occupe que de police municipale. Je faisais mes procès-verbaux au sortir immédiat de la séance; je crois avoir été exact, sauf erreur (rires); je ne crois pas m'être trompé. J'ai entendu M. Küss parler de fusils et de barricades.

Bonnissant, commissaire de police. J'assistai au club de la rue Sainte-Hélène : c'était un club socialiste; on y lisait fréquemment le *Démocrate du Rhin*; on y proclamait le droit au travail. Un orateur a dit le 14 que c'était la dernière fois que le club se réunissait, la République étant anéantie. M. Silberling a dit qu'il fallait prendre des mesures; que c'était lui et ses amis qui avaient provoqué la démonstration pour arriver à la prise de la citadelle; que la réaction s'était infiltrée dans les rangs, mais que la garde nationale serait accueillie fraternellement à la citadelle par la troupe de ligne; que la cause n'était pas encore perdue; que les dépêches étaient fausses. M. Silberling invita les patriotes à se rendre au Broglie le lendemain pour savoir les vraies nouvelles. Le lendemain il y eut un rassemblement. Un individu parla contre les riches au milieu de gamins. — Silberling n'était plus là. — Les gamins ont accompagné cet homme chez lui en formant une colonne et criant *à bas les blancs!* Ils sont revenus près de la préfecture crier *à bas le préfet!* Ils avaient à leur tête le porteur d'un drapeau rouge et bleu, dont le bleu était enroulé autour de la hampe. M. le Maire sortait alors de la préfecture. Il a pris ce drapeau et l'a jeté dans la cour en disant : « Ce n'est pas le drapeau de la France! » Un de mes agents était à la poste quand Silberling a interrogé le courrier. Je n'ai pas affirmé la fusion de la solidarité républicaine avec le comité central démocratique; j'ai dit seulement que le comité central démocratique, s'il existait, ne pouvait être que la reconstitution de l'ancienne société.

Me J. Favre. C'est-à-dire : Je crois qu'il n'y a pas de Comité, personne n'y croit, mais si vous en voulez, ce sera cela? (Rires.)

Le *cit. président.* Non. Dans la déposition écrite, le témoin a été plus explicite. Je ne la change pas. (Le citoyen président lit cette déposition.)

Me Louis. Il ne peut arriver au cœur de personne de dire que M. le Président a voulu changer la déposition. La défense, Messieurs les jurés, s'occupe surtout des dépositions orales; c'est sur elles que vous êtes appelés à juger. Le témoin, il est là, il a l'air... très-bien (rire général), il vient d'entendre sa déposition écrite, il y a des expressions qu'il a eu l'air de ne pas comprendre, ce qui me fait croire que la rédaction de sa déposition appartient en propre à M. le conseiller instructeur.

Bonnissont Les rassemblements du lendemain étaient uniquement composés de gamins, d'adultes qu'on a dissipés avec deux piquets de troupes sans arrestations. Je n'étais pas à la mairie.

Mehl, commissaire de police. La générale m'a fait sortir de mon bureau. J'ai été me mettre à la disposition de M. le Maire, qui m'a renvoyé surveiller mon canton. On avait déjà arraché les placards; on m'a dit que c'étaient des affiches incendiaires.

Me Fleury. Qui vous l'a dit?

Mehl. Je crois que ce sont des officiers, près de la citadelle.

L'avocat général. Voici un témoin appelé à la requête des accusés.

Toulgoët. Nullement, M. l'avocat-général. J'ai même écrit à Strasbourg — M. Clément n'ayant pas déposé dans l'instruction écrite — pour savoir pour quel fait il était cité.

Clément, percepteur. Je connais les accusés de vue. Je ne sais rien. J'ai assisté comme curieux. Je suis peut-être appelé pour le fait suivant. Après la battue de la générale, j'ai vu Silberling avec des sous-officiers d'infanterie; puis les saluer en riant et dire : « Au revoir, à bientôt! »

Silberling. Le témoin fait erreur, je n'ai pas vu un seul militaire de la journée.

Clément se tournant vers l'accusé : Je vous ai vu, bien vu.

M⁰ *Engelhard*. Silberling était-il en uniforme ou non ?

Clément. Je ne puis pas le dire (exclamations).

M. *Renauldon*, préfet du Bas-Rhin, étant excusé pour sa maladie, M. l'avocat-général lit sa déposition qui roule sur l'agitation, les causes présumables de cette émotion, les précautions arrêtées par l'autorité supérieure, la visite fort convenable et polie de M. Küss, et finit sur le bruit répandu à Calsruhe de l'occupation de la citadelle de Strasbourg par la garde nationale.

Dury, employé à la préfecture, chef de division (police), croit que les dépêches ont été, avant la publication, communiquées au général ou au maire ; il ne peut pas avoir la certitude que ces dépêches n'aient pas été communiquées à d'autres personnes. Je n'ai entendu parler du Comité central démocratique que le 14 juin. Je connaissais plusieurs personnes fort honorables du Comité de rédaction du journal le *Démocrate du Rhin;* ce journal était quelquefois très-violent, mais ces articles ne m'inquiétaient pas. La dépêche porte ordinairement la date de sa réception.

M⁰ *Fleury*. Ce jour-là, elle ne portait point de date : c'est une question de moralité à examiner.

Dury. Je ne puis pas dire si la date s'y trouvait : elles se sont succédé si rapidement. M. Küss a observé chez M. le préfet une grande politesse ! M. Renauldon m'a même dit : « J'étais très-content de ces messieurs. » Il leur répondit qu'il n'avait pas reçu de nouvelles, qu'il s'empresserait de les publier si elles intéressaient le public. Puis, dans le courant de la journée, la compagnie Beyer étant restée dans la cour de la préfecture, le capitaine se montra toujours fort convenable ; M. le préfet lui donna l'ordre de se retirer avec sa compagnie, ce qu'il fit sans difficulté. Cette occupation m'a étonné tout d'abord, mais le lendemain je réfléchis qu'un ordre décidait qu'en cas d'alerte une compagnie devait occuper la préfecture. J'ai porté la troisième dépêche à la division militaire, à M. le maire qui l'a lue dans la cour : cela a calmé l'effervescence, que je n'ai pas vue du reste.

M⁰ *Jules Favre*. Je ne sais pas trop ce que j'ai à combattre ! On a incriminé la visite de M. Küss au préfet, c'est le premier acte du complot. Les paroles de M. le Préfet sont bien établies : « Je m'empresserai de publier les nouvelles qui pourraient intéresser le public. » Voilà le langage tenu à dix heures, les dépêches y étaient depuis le matin, elles intéressaient le public, M. Küss fait partie du public : on ne les publie qu'à trois heures ! Ceci explique pourquoi l'heure de la réception des dépêches n'a pas été mentionnée. Puisque le témoin est à la tête de la police de Strasbourg, je prendrai la liberté de lui demander s'il a cru à l'existence d'un complot ?

Dury, souriant : Moi, non ; il n'y a pas eu d'enquête d'ailleurs.

M° *Fleury*. Je prierai MM. les jurés de remarquer que cette question de complot appelle le sourire sur les lèvres du témoin.

M° *Jules Favre*. Quelle est dans Strasbourg l'opinion générale sur le caractère de M. Küss?

Dury. M. Küss jouit de l'estime de tout le monde; il est très-aimé; je n'ai jamais entendu dire à quelqu'un qu'il ne l'aimait pas ou ne l'estimait pas.

L'audience est reprise à une heure et demie.

Bougenel (*Jean-François*), 60 ans, général de division en tournée d'inspection; il commandait la 4° division militaire lors des événements qui ont motivé ce procès.

Le *cit. président*. Général, dites ce que vous savez.

Le *témoin*. Le 14 juin, le Préfet me communiqua trois dépêches qui annonçaient la succession des événements qui s'étaient passés à Paris le 13; il me demanda mon avis sur leur publication, et je l'engageai à les faire publier, convaincu que j'étais que, dans les circonstances graves, il faut jouer cartes sur table. Une heure après, il y avait beaucoup d'émotion dans la ville. On vint chercher le maire jusque chez moi pour lui demander de faire battre le rappel. Peu après, j'entendis battre la générale, ce qui m'étonna, car cette batterie n'est jamais employée que sur l'ordre du général en chef, et elle a pour effet immédiat de mettre sur pied toutes les troupes de la garnison. A quatre heures, je reçus la visite du maire, accompagné de quelques officiers de la garde nationale, en uniforme. L'un d'eux me demanda le partage des postes entre la troupe et la garde nationale. Je refusai d'obtempérer à ce désir. La même personne me pria de lui donner des explications sur un mouvement de troupes vers la citadelle et sur une distribution de poudre. Je l'expliquai tout simplement par les usages militaires, quand un régiment nouveau arrive dans une garnison. Il me demanda si je pouvais faire distribuer des cartouches à la garde nationale, je répondis que j'aviserais.

La même personne ayant fait observer que la population pensait que les dépêches étaient tenues secrètes ou du moins tronquées, elle demanda qu'un membre de la municipalité, fût délégué pour assister à leur ouverture. Le maire prévint ma réponse en repoussant cette demande, et j'ajoutai que rien de pareil n'aurait jamais lieu sous mon commandement. Le capitaine de la garde nationale me parla alors de la violation de la Constitution; je refusai de discuter cette question, ces Messieurs se retirèrent et cet épisode finit là. Il fût alors convenu avec M. le maire, qu'il passerait en revue la garde nationale et qu'il la congédierait. Sur ces entrefaites arriva une quatrième dépêche annonçant que la tranquillité régnait à Paris. Le maire communiqua cette nouvelle à la garde nationale, la passa en revue, la fit défiler, et, dès-lors, tout rentra dans l'ordre.

Le cit. président. La personne qui a formulé devant vous les demandes que vous avez signalées est-ce Küss?

Le témoin. On me l'a dit.

Le cit. président. Le reconnaissez-vous?

Le témoin. Le costume n'étant pas le même, je ne puis affirmer que je le reconnaisse. Toutes fois, je dois à la vérité de dire que ces Messieurs se sont présentés chez moi avec des formes irréprochables. Quand on me demanda des garanties au nom de la garde nationale, un officier s'écria : parlez pour vous.

Le cit. président à l'accusé. Küss, vous l'entendez : on a répété à satiété que la garde nationale voulait des garanties, et pourtant voilà un officier qui vous a dit : « parlez pour vous. » Qu'avez-vous à dire à cela?

Le témoin. Pardon, M. le Président, ce n'est pas M. Küss qui a provoqué cette repartie, c'est un capitaine d'artillerie de la garde nationale, que je ne connais pas.

Me Engelhardt. C'était moi, général.

Le témoin. En effet, je crois vous reconnaître.

Le cit. président. Avez-vous eu connaissance d'un fait d'enlèvement de cartouches?

Le témoin. Un poste occupé ordinairement par la troupe avait été confié à la garde nationale au départ du 6e bataillon de chasseurs à pied. Il y avait un coffret plein de cartouches. On s'aperçut que 5 ou 6 de ces cartouches avaient disparu ; mais à mes yeux ce fait est sans la moindre importance.

Le cit. président. Ne vous promeniez-vous pas sur le Broglie lorsqu'on y poussa les cris de vive les rouges, à bas le Président.

Le témoin. Je me promenais sur le Broglie avec des officiers de mon état-major, des enfants nous suivaient et emboîtaient presque notre pas. Ils poussaient quelques cris ; mais il est faux, qu'on eut, sifflé et crié, comme on l'a dit : à bas le général. Je m'étonnais qu'il n'y eut pas là un agent de police, pour faire éloigner ces enfants. On craignait des rassemblements pour les jours suivants ; nous prîmes des mesures de sûreté ; mais il n'y eut rien du tout.

Marin (Alexandre), 26 ans, attaché au journal *la Tribune des Peuples,* demeurant à Paris.

Le cit. président. Quelle était votre position près du journal?

Le témoin. J'y étais chargé de la composition matérielle du journal?

Le cit. président. Conséquemment vous aviez des articles, qui vous les remettait?

Le témoin. Le comité de rédaction.

Le cit. président. Küss était gérant; c'est lui qui vous a remis les articles incriminés.

Le *témoin.* J'en ai fait moi-même la copie dans les journaux de Paris, l'article intitulé : la Patrie est en danger, est extrait de la *Vraie République*, je l'ai inséré de mon chef et d'après mon inspiration, parce que ce journal avait le même esprit politique, suivait la même ligne de conduite que le *Démocrate.*

Le *cit. président.* Avez-vous reproduit l'appel au peuple de la Montagne ? Et l'article ayant pour titre : la Constitution est violée.

Le *témoin.* Oui Monsieur, M. Toulgoët s'est reconnu l'auteur de dernier article, et je ne me rappelle plus dans quelles circonstances je l'ai reçu ; mais je puis affirmer qu'il ne m'a pas été remis par M. Küss, que je n'avais pas vu au bureau depuis 15 jours.

Interrogé sur la visite de l'accusé Schnepp au bureau du *Démocrate*, le témoin raconte qu'il y est venu, portant son fusil et sa giberne et qu'il s'y est profondément endormi.

Le *témoin Marin* devant porter témoignage devant la haute cour de Versailles, obtint l'autorisation de se retirer.

Kratz (Jean-Louis-Edouard), 46 ans, maire de Strasbourg.

Le *cit. Président.* Que savez-vous ?

Le *témoin* L'émotion était vive à Strasbourg, le 14 juin on attendait avec une sorte de fièvre les nouvelles qui devaient rassurer la population sur ce qui se passait à Paris et bien peu de personnes osaient approuver la conduite du gouvernement dans les affaires de Rome. Je réunis dans mon cabines les adjoints et quelques officiers de la garde nationale pour aviser à ce qu'il fallait faire. J'avais déjà eu à midi un entretien avec le préfet et le général relativement à la publication des dépêches : Nous fûmes rejoints dans mon cabinet par un certain nombre de citoyens qui disaient : la constitution est violée, il faut que l'autorité prenne des mesures pour se mettre en garde contre un coup d'état, il faut des garanties à la garde nationale ; un colloque assez confus eut lieu. Je me rendis chez le général pour m'entretenir avec lui des demandes qui m'étaient adressées sur le partage des postes, entre la ligne et la garde nationale, sur la distribution de munitions à la garde nationale, et d'une adjonction de citoyens à la commission municipale. Quand je revins à la mairie, je communiquai à ces citoyens la réponse négative du général ; il y eut alors entre eux et moi un colloque assez vif, leur insistance devenait plus pressante, mais je dois dire qu'elle ne cessât pas un instant d'être convenable. Je leur proposai de m'accompagner chez le général pour s'assurer par eux-mêmes de ses bonnes dispositions en faveur de la constitution et de ses dernières intentions en ce qui concernait leurs désirs. Ici le témoin rend compte dans les mêmes termes que le général Bougenel de ce qui s'est passé dans cette entrevue.

Le *Rédacteur-Gérant,* E. QUESNE.

Metz. —Imp. de J.-P. TOUSSAINT, place d'Austerlitz, 28.

COUR D'ASSISES DE LA MOSELLE.

Présidence du citoyen P. GRAND, conseiller.

Suite de l'Audience du 18 Octobre 1849.

En sortant de chez le général, je reçus la dépêche qui annonçait que tout était tranquille à Paris, je la lus aux gardes nationaux réunis à la mairie, elle eut pour effet de calmer les esprits; je donnai l'ordre de diriger les bataillons sur la place Kléber où je les passai en revue et leur témoignai ma gratitude pour leur dévouement.

Je les assurai que l'autorité municipale était dévouée à la Constitution et disposée à la défendre, même au prix de son sang. J'ordonnai le défilé et le calme régna.

Le *cit. président.* Küss et Toulgoët étaient dans votre cabinet, quelles garanties a-t-on demandées? Quelle part les accusés ont-ils pris à ces demandes.

Le *témoin.* M. Küss est venu dans mon cabinet, M. Toulgoët aussi, je crois; quant à la part qu'ils ont pu prendre aux demandes de garanties, je ne saurais le garantir, tout le monde parlait, c'était un colloque confus; et d'ailleurs j'étais trop préoccupé des mesures à prendre pour faire attention à ce qui se disait dans mon cabinet.

Le *cit. président.* Les avez-vous conduit chez le général par suite de leur insistance de leur exaspération?

Le *témoin.* Je n'avais d'autre but que d'éviter une collision, je les conduisais chez le général pour les rassurer, sur la crainte d'un coup d'état; j'avais lutté contre les demandes exprimées, mais je croyais utile de rassurer les esprits sur les bonnes dispositions de l'autorité militaire.

Le citoyen avocat-général fait observer le mot *lutter* au jury et insiste fortement sur cette expression; M. le maire s'empresse d'interrompre pour expliquer que par le mot lutte, il entend dire colloque et qu'il ne prétend pas donner au mot lutte son acception la plus étendue.

C'était un colloque confus, animé, mais dans lequel les accusés n'ont pas cessé d'être convenables.

4

M⁰ Favre fait bien constater qu'à la sortie de chez le général, tout a été fini, que l'on n'a plus manifesté d'exigences, que l'on s'est occupé à contester des mesures d'ordre.

Le citoyen avocat-général insiste pour faire dire au témoin ce qu'il sait sur les faits d'attroupements.

Le témoin déclare que ces attroupements, composés de *gamins*, d'enfants, n'avaient aucune signification sérieuse et ne présentaient aucune connexion avec les faits reprochés aux accusés.

Le cit. avocat-général invite le témoin à exprimer son opinion sur le but personnel des accusés. Ne croyez-vous pas, dit-il, qu'ils en avaient voulu à vos places? Croyez-vous qu'en cas de réussite ils vous auraient laissé vos places.

Le témoin répond que cet on-dit n'avait que le caractère d'un cancan, qu'il ne peut rien supposer, et que d'ailleurs, après une révolution, on voyait souvent de grands changements.

M⁰ Louis. En effet, ne voit-on pas après une révolution un procureur du roi devenir avocat-général, un substitut procureur, et un simple avocat de rien devenir quelque chose.

Interrogé sur l'opinion qu'il a de l'accusé Küss, M. le maire de Strasbourg déclare qu'il a la conviction que l'accusé a agi dans une pensée d'ordre, qu'il professe la plus haute estime pour l'accusé, qu'il s'honorerait de son amitié et il le présente enfin comme un homme supérieur par ses sentiments, sa haute intelligence, ses études et cette ardeur au travail qui lui a fait obtenir au concours, à 30 ans, une chaire à la faculté de médecine.

Après l'ordre de battre le rappel, la foule poussait le cri de: la générale, la générale. Le tambour sortit de la mairie en battant le rappel et accompagné d'une escorte de quatre hommes et un caporal. Le lieutenant Erckmann avait le sabre à la main et l'agitait de temps en temps sans doute pour répondre aux cris d'enthousiasme de la foule. Je ne saurais affirmer qu'il ait donné l'ordre de battre la générale, je ne l'ai pas entendu.

A l'état-major, le témoin a entendu le capitaine Toulgoët demander des ordres au colonel Winterhalt, il paraissait impatient et disait, ce n'est pas le moment de tarder, dépêchons-nous.

Spicker (Ernest), aubergiste à Kehl (Bade). Le témoin raconte que les accusés Toulgoët, Dannbach, Laboulaye et Erckmann ont logé chez lui depuis les poursuites et il ne les connaît que par cette circonstance. Ils sont venus chez lui le 15 juin. Les tables étaient couvertes de proclamations bavaroises apportées par un inconnu qui paraissait être un allemand de la Bavière rhénane. Ce même inconnu en avait remis aussi un paquet au conducteur de l'omnibus de Strasbourg pour les déposer à l'auberge de la Vignette. Les accusés n'ont eu aucune part à la distribution de ces proclamations.

Blucker (Guillaume), aubergiste à Kehl, était le 14 à Strasbourg, il y est resté jusqu'à 5 heures. Ayant entendu dire que la garde nationale allait partager avec la ligne le service de la citadelle, il a répété ce bruit à Kehl, où il était déjà répandu. Et comme il ne faut que 5 heures pour aller à Carslruhe, il n'est pas étonnant que Brentano en ait été informé.

Audience du 19 Octobre.

Singuerlé (Louis-Eugène), étudiant en droit, était de garde à la mairie et faisait partie de l'escorte du tambour. Il a vu Erckmann venir se placer près du caporal de l'escorte, le sabre à la main ; la foule criait : la générale, la générale ! et quand le tambour eut obtempéré à ce désir, l'enthousiasme fut au comble. Erckmann, en passant dans la rue qu'il habite, fut l'objet de nombreuses marques de sympathies, il agita à plusieurs reprises son sabre pour répondre aux saluts qui lui étaient adressés.

Le citoyen président ayant rappelé au témoin que dans sa déposition écrite il a employé les mots *très* fréquemment, le témoin dit que plusieurs témoins ont remarqué comme lui que le juge d'instruction, sans nulle mauvaise intention, mais par une habitude de tempéramment, prenait souvent l'expression au-dessus de celle qu'on employait.

Winterhœlt, lieutenant-colonel de la garde nationale. Après avoir énoncé les différents ordres qu'il a reçus du maire pour faire battre le rappel, rassembler les bataillons etc., le témoin en arrive à ce qui concerne l'accusation. Il a considéré comme un excès de zèle ces paroles du capitaine Toulgoët: Si vous ne donnez pas d'ordres, je prendrai sur moi d'en donner; c'était tout au plus, dit-il, entre lui et moi une affaire de conseil de discipline.

Le témoin donne sur le mouvement de la compagnie Bœrg sur l'Hôtel-de-Ville, l'explication suivante : Le capitaine Bœrg s'ennuyant sur la place, demanda au commandant de le laisser aller à l'Hôtel-de-Ville, la permission lui en fut accordée et le capitaine Bœrg comprit que cette permission comprenait aussi sa compagnie.

Le témoin a pris des informations pour savoir qui avait fait battre la générale. Le tambour lui a affirmé qu'il l'avait fait de lui-même pour répondre au vœu de la garde nationale et de la foule.

Einburger (Philippe), professeur à la faculté de droit de Strasbourg, 1er adjoint au maire.

Dans le cabinet du maire, le témoin n'a pas entendu que Toulgoët ait exigé une adjonction de quelques citoyens à la commission municipale, il a seulement fait entendre que quelques membres du conseil municipal n'avaient plus toute la confiance de la population.

Le témoin sait qu'un homme d'ordre, le commandant Siel-bermann, a déclaré au préfet que si on ne faisait pas battre le rappel, vu l'état d'inquiétude dans lequel les dépêches avaient mis la population, il déposerait ses épaulettes.

Le témoin rapporte, dans les mêmes termes que M. le maire et M. Bougenel, la visite chez le commandant de la division; il affirme que les refus du général n'ont pas occasionné le moindre murmure, que l'accusé Küss et les autres sont sortis satisfaits des explications du général.

Après la revue, la tranquillité la plus complète régna dans la ville. Quelqu'un ayant dit à M. le maire que, puisque le général refusait d'accorder les demandes qu'on avait soumises à son appréciation, il devrait au moins laisser à la garde nationale les postes qu'il lui avait confiés depuis peu. Cette prétention était tellement juste, que M. le maire envoya immédiatement le témoin chez le général pour le demander; le général s'empressa de l'accorder en disant que la rentrée à Strasbourg d'un régiment, permettait de rendre le service à la ligne et que depuis plusieurs jours il avait donné des ordres pour débarrasser la garde nationale de ce surcroit de service, mais que dans les circonstances présentes il ne voulait pas que cette mesure pût être prise pour une mesure de défiance.

A cette demande du citoyen président: Croyez-vous qu'il y ait un complot? le témoin répond vivement: Dans ma conviction profonde, il n'y a pas eu plus de complot que sur ma main. Le caractère des événements était celui-ci: que la Constitution étant violée, on ne pouvait supputer où cela s'arrêterait et qu'il fallait des garanties à la garde nationale. Cette inquiétude était légitimée par la contradiction des dépêches qui disaient entre deux assurances de tranquillité: Paris est en état de siége. C'était aussi une protestation contre l'attaque de la République romaine. A la suite de cette déposition qui anéantissait tout l'échafaudage de l'accusation, les mots, *ridicule* et *odieux* prononcés au banc de la défense frappèrent l'oreille du citoyen avocat-général. Il réclame contre ce qu'il taxe d'insulte à la magistrature de Colmar.

M⁰ J. Favre répond: M. l'avocat-général a dit qu'il ne souffrirait pas qu'on taxât l'accusation de ridicule, que ce serait un manque de respect aux magistrats qui ont dressé l'acte d'accusation; il est parfaitement juste que les magistrats soient à l'abri de tout soupçon; mais qu'on dise que l'accusation est futile, cela est permis; qu'elle repose sur des moyens frivoles, est encore permis. Eh bien! une accusation futile reposant sur des moyens frivoles ne peut-elle pas être ridicule?

Un premier magistrat d'une grande cité vient de vous dire qu'il n'y a pas eu plus de complot que sur sa main. On comprend alors que M° Engelhardt n'ait pas été maître d'un premier mouvement et qu'il ait dit : « Si cette accusation n'était pas odieuse, elle serait ridicule. » Avant d'être assis au banc de la défense, M° Engelhardt était accusé, et mon jeune confrère a laissé passer sous sa toge d'avocat quelques-unes de ses souffrances d'accusé. Non, vous ne prendrez pas pour une insulte quelques mots arrachés par le souvenir de ce qu'il a souffert.

Hatt. Le 14, toute la ville était en émoi, on considérait généralement la Constitution comme violée et on craignait une violation plus grande. Le témoin nie avoir dit dans sa déposition écrite qu'on avait déclaré qu'il fallait appuyer l'insurrection de Paris ; si cela se trouve dans la déposition, ou ses paroles ont mal rendu sa pensée, ou elle a été mal traduite, il n'a aucun souvenir qu'on ait demandé de la poudre.

Siegfried (Georges), a ouï dire que plusieurs gardes nationaux avaient chargé leurs armes, mais qu'ayant été aux informations, il a acquis la certitude que ce fait était dénué de fondement ; il n'a vu aucun émissaire, on n'avait pas besoin d'être excité, la Constitution paraissait à tout le monde avoir été violée, et tout le monde était dans l'inquiétude et l'agitation ; en fait de cris séditieux, le témoin n'a entendu que ceux de : vive la Constitution ! vive la République ! à bas les blancs !

Chevalier, chapelier à Strasbourg. Le témoin dit que toutes les démarches qui ont été faites ont été inspirées par le plus pur amour du pays. M. Küss s'est promené avec beaucoup de tranquillité pendant une demi-heure avec le procureur de la république, Carl, qui n'est pas, qu'on sache, un grand révolutionnaire. Dans la cour de l'hôtel de ville où il était de garde, on a donné l'ordre de battre le rappel, que cet ordre avait eu dans la cour un commencement d'exécution, mais qu'il ne sait pas ce qui s'est passé quand le tambour a eu quitté la mairie.

Thiébault, tambour de la garde nationale.

On lui a dit de battre le rappel, il a répondu que ce n'était pas le jour de battre le rappel, mais bien la générale, et comme tout le monde criait : la générale, la générale ! il a battu la générale. Le témoin Erckmann est venu se joindre à l'escorte, le sabre à la main, mais il n'a pas dit au témoin de battre la générale, il l'a battue de lui-même ; le maire lui ayant donné l'ordre de battre le rappel sans être revêtu de ses insignes, il n'était pas tenu de le connaître ; un soldat de service n'a pas d'ordre à recevoir d'un chef en bourgeois. Il a battu la générale, parce que le vœu public était d'accord avec son propre sentiment ; cette déposition du témoin n'étant pas d'accord avec celle de Kieffer, qui avait déclaré que Thiébault lui avait dit avoir reçu l'ordre du lieutenant Erckmann, on rappelle les témoins Kieffer, Singuerlé et Winterhalt. Kieffer soutient son dire, tandis que Singuerlé et le colonel Winterhalt affirment que Thiébault leur a avoué avoir battu de son chef, ce qui est très-probable ajoute le colonel, car nos tambours attachent une certaine gloriole à battre la générale, et Thiébault aura été enchanté de satisfaire, à la fois, la foule et sa vanité de tambour.

Boudot, colonel, commandant de place, ignore si des détachements de garde nationale ont été commandés pour d'autres postes que celui de la préfecture. Il sait qu'on ne doit battre la générale que sur l'ordre du général commandant la division, aussi quand il l'a entendu battre, il a envoyé un officier pour faire cesser.

Mohissen (Jules), chapelier à Strasbourg, n'a pas entendu dire aux accusés qu'il fallait aller à la citadelle. C'était un cri général dans la ville qu'il fallait un poste mixte à la citadelle. Le témoin dit que les cris dominants étaient Vive la Constitution! vive la République! La Constitution est violée! A bas les blancs.

Carl, procureur de la République à Strasbourg. Le témoin : Je suis appelé à la requête de M. Küss, je demande à être interpellé.

L'accusé Küss. Je désire que M. Carl soit interrogé sur un propos que me prête l'acte d'accusation. J'avais exprimé la crainte que la ville ne fut ensanglantée, si l'autorité s'obstinait à vouloir refuser des garanties à la garde nationale. L'expression de cette crainte a-t-elle paru au témoin avoir le caractère d'une menace?

Le témoin revient sur les faits qui ont signalé la journée du 14 juin. Il ajoute : en entrant dans la cour de la mairie je rencontrai M. Küss, je lui demandai quelle était l'intention de la garde nationale, il me répondit avec convenance que la garde nationale était inquiète, que la Constitution avait été violée. Je répondis que c'était là une question grave qu'il ne nous appartenait pas de juger. La discussion s'arrêta par l'arrivée de plusieurs personnes. On parla alors de garanties formulées avec plus ou moins de véhémence. Dans mon opinion elles devaient être refusées. Un peu après, dans le cabinet du maire, avant d'aller chez le général, je me trouvai à côté de M. Küss à qui je ne parlais pas et qui me dit d'un ton froid : si M. le général n'accorde pas ce que nous allons aller lui demander, les rues de Strasbourg seront ensanglantées par une guerre civile épouvantable. Etait-ce une menace ou l'expression d'un sentiment d'anxiété, j'y ai réfléchi depuis sans pouvoir décider ce point. A l'entrevue chez le général, les choses se sont passées, quant à la forme extérieure, de la manière la plus polie et la plus convenable.

Le cit. président demande à l'accusé ce qu'il a à répondre à cette déposition.

L'accusé dit qu'à ses yeux la Constitution était violée, mais q ne savait quel rôle appartiendrait à la garde nationale. Il était en proie à l'inquiétude, voilà tout! et il cherchait les moyens de maintenir l'ordre et de prévenir l'effusion du sang. A Strasbourg, on considérait la Constitution comme violée par les affaires de Rome. On craignait que le pouvoir ne s'arrêtât pas dans cette voie, et la garde nationale pensait qu'elle aurait à protester éventuellement par une manifestation contre un changement de gouvernement.

L'accusé a exprimé à M. Carl une crainte qui était dans l'esprit de tout le monde. Il proteste contre toute idée de menace. Si le témoin fait précéder la phrase par ces mots : *je crains*, elle sera toute exprimée.

M⁰ J. Favre. Quelle est l'opinion du témoin sur le caractère de M. Küss?

Le *témoin*. Je ne le connaissais pas avant la révolution de Février. Je l'ai connu au conseil-général et à la commission d'instruction primaire que j'avais l'honneur de présider. Il m'a toujours semblé être un homme très éclairé et très bienveillant.

M⁰ J. Favre. Vous avez eu une longue conversation avec M. Küss. Quand il a tenu ce propos qu'avez-vous répondu?

Le *témoin*. Rien!

M⁰ J. Favre. C'est la première fois que je vois une position aussi étrange que celle que s'est faite M. le procureur de la République : accusateur public et accusateur privé.

Le *témoin*. Un procureur de la République est toujours dans l'exercice de ses fonctions.

M⁰ J. Favre. Même lorsqu'il reçoit les confidences d'un ami ?

Le *témoin*. M. Küss n'était pas mon ami.

M⁰ J. Favre demande lecture du procès-verbal dressé par le procureur de la République. — Cette pièce ne se trouve pas au dossier de l'accusation. La phrase recueillie par M. Carl ne se trouve pas dans le réquisitoire.

Le *cit. président* croit devoir protester contre l'interprétation que M⁰ Favre donne au double rôle rempli par M. Carl.

M⁰ J. Favre. J'en tire seulement cette moralité : c'est qu'il sera dangereux de parler confidentiellement à M. le procureur de la République de Strasbourg. (Marques d'approbations.)

Un long et confus débat s'établit entre la défense, le témoin, le président et le ministère public. Il en résulte que dans le principe, le procureur de la République de Strasbourg n'avait eu la pensée que de poursuivre le *Démocrate du Rhin* pour délit de presse, et l'imprimeur Dannbach pour l'impression et l'apposition d'un placard. C'est seulement plus tard que l'ordre de poursuivre pour attentat et complot serait venu de Colmar.

La séance est suspendue à midi.

La cour rentre en séance à une heure et demie.

Grimmer (Georges), notaire, chef d'escadron d'artillerie de la garde nationale répète sur l'ensemble des événements ce qui a déjà été dit. Ce qui explique la demande de munition sur laquelle insiste l'accusation, c'est que le capitaine Engelhardt a profité de la visite au général pour demander à ce dernier si la promesse de pièces de canons faite depuis longtemps à l'artillerie, serait bientôt suivie d'exécution. Le témoin ajoute à quelques détails déjà connus : on parlait beaucoup de la violation de la Constitution, c'est une opinion que nous partageons tous.

Hey (Jean-Frédéric), marchand de fer, commandant le premier bataillon de la garde nationale de Strasbourg.

Le témoin peint l'émotion répandue en ville par la violation de la Constitution. La crainte d'un coup de tête bonapartiste, crainte motivée par l'échauffourée du 30 septembre 1836.

Le témoin a été prévenu par l'adjudant-major Toulgoët de se rendre chez le maire. Il rend compte comme les précédents témoins de la visite au général. Il dit que le colonel Winterhalt ne donnant pas d'ordres, quelques gardes nationaux crièrent : vive le colonel Hey ! Mais il refusa le commandement que les acclamations semblaient vouloir lui déférer.

Le *cit. avocat-général.* En refusant vous n'avez fait que votre devoir. Si vous aviez accepté vous auriez été factieux.

Le *témoin.* Je remercie M. l'avocat-général de sa leçon, je n'ai pas besoin qu'on m'apprenne ce qu'il faut faire pour suivre le chemin de l'honneur et observer les devoirs d'un soldat.

Le témoin n'a entendu que des cris constitutionnels, car on criait : vive la Constitution ! (Sourires.) J'ai aussi entendu crier : vive la Montagne ; mais ce cri n'est pas inconstitutionnel et on a, du reste, l'habitude de l'entendre à Strasbourg.

Heim (Frédéric-Daniel), négociant à Strasbourg, chef de bataillon de la garde nationale.

Le témoin explique l'impatience générale soulevée par des dépêches tronquées et contradictoires. Il était d'avis de demander le partage du poste de la citadelle, avec la ligne. Si comme on paraissait le craindre, il y avait un projet de coup-d'état, il était important que la garde nationale occupât les postes de moitié. Le témoin n'a pas envoyé la 1re ou la 2e compagnie à la préfecture, parce qu'elles étaient occupées ailleurs dès avant le rappel et il a désigné la 8e pour ce service, parce qu'au moment où l'ordre est venu, cette compagnie était la plus rapprochée de la préfecture.

Le bonnet rouge signalé pendant le défilé était un bonnet grec et non un bonnet phrygien dit bonnet rouge. Sa position au bout du fusil y avait donné une forme pointue, mais non la forme d'un bonnet phrygien.

Quelques coups de fusil ont pu être tirés, quoique le témoin ne les ait pas entendus, mais c'était l'habitude de plusieurs jeunes gens à toutes les prises d'armes de brûler quelques cartouches d'exercice à feu. Le témoin affirme qu'après le défilé, jamais soirée ne fut plus tranquille à Strasbourg que celle du 14 juin.

Küger (Guillaume), ferblantier, rend compte de la visite au général. Il affirme que Küss n'est monté chez le général que sur l'invitation formelle de M. le maire.

Hœrter (André), marchand de bois. Il allait au lieu de ralliement avec son fusil sur l'épaule, quand Erckmann lui a dit : C'est très-bien, c'est par l'ordre qu'il faut défendre la Constitution et la République.

Claug (Joseph-Mercien), propriétaire, membre du conseil municipal. L'accusé Erckmann a dit au témoin : La garde nationale prend les armes pour maintenir l'ordre et défendre au besoin la République.

Hirsch (Charles), caissier à Strasbourg.

Il a entendu les cris : vive la Constitution ! vive la montagne ! à bas les blancs. Après que le maire eut donné lecture de la dernière dépêche, tout est rentré dans l'ordre.

Kern (Charles-Edouard), capitaine en retraite et capitaine de la garde nationale.

Ce témoin paraît ne pas comprendre ce qu'il dit, il confond la signification des mots ; il rend compte de plusieurs circonstances dans lesquelles ayant demandé des explications, on lui a uniformément répondu par ces mots : cela ne vous regarde pas.

C'est dans sa compagnie qu'on aurait, selon l'accusation, chargé les armes, il le nie et dit qu'ayant donné l'ordre de mettre des pierres en silex à la place des pierres en bois, les gardes nationaux tirèrent les baguettes de leurs fusils pour tourner la vis du chien.

Gerat (Charles), directeur de la banque à Strasbourg.

Le témoin affirme avoir vu des hommes de la compagnie Kern, charger leurs armes pendant deux heures et demie, et s'y prendre avec tant de maladresse qu'ils se mettaient jusqu'à trois pour charger un seul fusil.

Le témoin a entendu crier : vive les rouges ! à bas les blancs, et ces cris lui ont paru fort inquiétants.

Hoff (Henri), pharmacien.

Il a vu charger les fusils, c'est-à-dire, reprend-il, qu'il a vu faire le mouvement de bourrer, car il ne peut dire qu'il ait vu une seule cartouche.

Schwilgé. Même déposition que le précédent.

Windisch (Jules), a ouï dire qu'on avait chargé des fusils, mais il ne l'a pas vu ; il a vu au défilé un bonnet de couleur rouge sur un fusil.

Schauffter, étudiant à Strasbourg, a ouï dire par Klippfen qu'on avait distribué des cartouches aux gardes nationaux et qu'ils étaient disposés à s'en servir. Il a ouï dire qu'on ne pouvait accorder créance aux dépêches télégraphiques et il a vu un bonnet rouge pendant le défilé.

Klippfen (Auguste), ancien huissier, interpellé sur la façon dont il a ouï parler de cartouches, dit qu'un garde national a demandé à un autre : que ferez-vous si vous n'avez pas de cartouches? La compagnie en a, répliqua l'autre. Il a répété ce bruit à Schauffler pour l'effrayer parce qu'il le connaissait pour un jeune homme qui avait peu de goût pour les armes. Il lui a dit : prenez garde à vous. Il n'a pas dit que ceux qui avaient des cartouches fussent socialistes.

Laborie (Louis-Joseph), ancien huissier. On a parlé devant lui de l'émotion populaire, il a répondu qu'il ne pouvait rien se passer de sérieux à Strasbourg. Quelqu'un lui a dit avoir entendu dire qu'un bataillon avait reçu des cartouches.

Goudchaux (Lippmann), directeur du comptoir d'escompte. Il a vu M. Küss qui partageait l'émotion générale, il a vu M. de Toulgoët, mais rien en eux ne lui a paru extraordinaire. Il sait que certains gardes nationaux ont parlé de remplacer leur lieutenant-colonel. Il ne peut croire qu'il y ait eu de complot; à son avis les événements sont tout fortuits, et résultent des dépêches; aussitôt que la dernière a été lue, tout est rentré dans l'ordre.

Heck (Théodore), quincaillier à Strasbourg, a transmis à son capitaine (le capitaine Beyer) l'ordre de se rendre avec sa compagnie à la préfecture. Elle y a séjourné une demi-heure les fusils en faisceaux; elle y était entrée comme si elle allait monter la garde...

Durieu (Antoine-Henri-Joseph-Marie), 28 ans, receveur-général des finances à Strasbourg. Ayant témoigné son étonnement de voir arriver la compagnie Beyer dans la cour de la préfecture, le capitaine lui a répondu qu'il n'en sortirait cependant que sur un ordre de son commandant. Le témoin eut ensuite une conversation sur la question du moment. Un ordre de s'éloigner étant arrivé sur ces entrefaites, Beyer se retira.

Le témoin a appris d'une manière incertaine le chargement des armes dans la compagnie Kern.

L'incident d'une conversation intime introduite dans le témoignage s'étant renouvelé, Me Louis proteste contre cette tendance à traîner en cour d'assise des confidences amicales.

Me J. *Favre* espère que pour l'honneur de nos mœurs on n'essaiera plus de divulguer, dans les débats, le secret d'une conversation intime.

Joyeux (Jules), professeur agrégé à la faculté de médecine de Strasbourg, dit que les attroupements remarqués le matin du 14 devant la préfecture étaient motivés par une cause très simple : les séances du conseil de révision. Il était de garde à la préfecture et a vu tout ce qui s'y est passé. C'est plus tard qu'un groupe d'où partaient les cris de vive la République et la Montagne ! A bas les blancs ! vint devant la préfecture et fut repoussé par les factionnaires de la compagnie Beyer. Le témoin et quelques gardes nationaux de son poste prirent pour eux les cris de à bas les blancs !

Le témoin Siegefried, déjà entendu, demande à rectifier une conversation que vient de rapporter Joyeux. Il ajoute : J'ai la conviction qu'il n'y a pas eu complot. M. Küss est incapable de conspirer ; c'est à mes yeux le plus respectable, le plus vénérable citoyen de Strasbourg, ses concitoyens sont unanimes pour le déclarer. Si M. Küss est un conspirateur, il faut dire alors qu'il y a dix mille conspirateurs à Strasbourg.

Roehli (Martin), brigadier de police à Strasbourg,

Ne sait rien sur les événements, il a vu un fourrier charger son fusil, et quand il passait sur la place de ralliement d'un bataillon, des gardes nationaux déchargèrent leurs fusils en l'air.

Chausson, chef d'escadron d'artillerie, en garnison à Strasbourg,

A été prévenu par M. de Berkheim qu'on parlait dans la rue de faire occuper la citadelle, il a cru devoir aller en prévenir le général qui l'a remercié de cette démarche.

Faucheux (Charles), colonel du 63ᵉ de ligne en garnison à la citadelle de Strasbourg.

On a apporté au témoin un placard qui avait été apposé contre un mur de l'église ; il est sorti de son appartement et a vu l'ouvrier qui tenait encore un paquet d'affiches ; il l'a fait arrêter. Ayant reçu le soir l'ordre de le relâcher en prenant son nom, il l'a fait relâcher. L'affiche lui ayant paru de nature à porter les soldats à la désobéissance, il avait cru devoir faire arrêter celui qui l'apposait contre les murs.

De *Berkeim* (Sigismond), capitaine d'artillerie en garnison à Strasbourg,

A entendu parler dans la rue de projets d'occupation de la citadelle ; il en a prévenu M. le commandant Chausson, il ne sait rien de plus.

Schmidt (Frédéric), ouvrier typographe,

A imprimé entre 3 et 4 heures l'affiche incriminée et a été chargé au défaut d'un afficheur d'aller la placarder sur les murs. En lui donnant cet ordre on ne lui a pas dit que cela fut pressé.

L'audience est levée à sept heures du soir.

Audience du 20 octobre.

A huit heures du matin, la cour entre en séance.

Diemer. Le témoin n'a rien d'important à dire. Il a entendu les cris de vive les rouges ! à bas les blancs! et il s'est associé à ces cris.

Le cit. avocat-général menace de requérir contre le témoin qui reçoit une mercuriale du cit. président.

Bucholtz, journalier à Strasbourg. Quoique membre du club des travailleurs, il n'a pas remarqué beaucoup de membres de ce club dans les attroupements. Il a crié comme les autres : vive les rouges ! à bas les blancs !

Le cit. avocat-général menace de rechef de requérir, et de rechef le citoyen président adresse une mercuriale au témoin.

Quelques rires éclatent dans l'auditoire, ce qui nécessite une nouvelle colère du citoyen avocat-général et une troisième admonestation du citoyen président.

Chacun cherche à s'expliquer, le but de l'accusation en faisant entendre sous forme de déposition des niaiseries qui n'ont aucune portée.

Au surplus, il résulte d'un débat entre le citoyen président, le témoin et l'accusé Sielberling, que les attroupements n'avaient pas été provoqués par l'accusé, ni par aucun de ses co-accusés.

Dettwiller, boulanger à Strasbourg, dépose que toute la légion réunie le 14 juin, criait : vive la Constitution. Le témoin constate que l'accusé Silberling est totalement étranger aux attroupements qui ont eu lieu à la place du Broglie.

Ohlmann (Antoine), de Haguenau. Quand on a reçu des nouvelles de Strasbourg, le sieur Schnepp allait à droite et à gauche, ce qui fit penser qu'il pouvait avoir des projets. Il avait fait donner rendez-vous à plusieurs personnes pour le soir ; mais quand elles se présentèrent, elles apprirent que Schnepp était parti pour Bischwiller. Ces allées et venues faisaient craindre un coup de main sur la prison. On prit des mesures de précaution, et au retour de Schnepp on fit chez lui une visite domiciliaire.

Wenckert, secrétaire de l'hospice de Haguenau. Ce témoin fait de Schnepp un portrait ridicule. Il le taxe d'ambition et lui reproche particulièrement sa pauvreté : Schnepp est son locataire et il paie fort mal ses termes.

Femme *Christophe*, de Haguenau. Déposition inintelligible et insignifiante.

Me Louis. Les témoins à charge remplissant parfaitement l'office que la défense attendait des témoins à décharge, nous sommes très-disposés à renoncer à l'audition des témoins que nous avons fait assigner.

Plusieurs témoins de Woerth viennent se faire entendre en allemand ; il résulte de ces dépositions que la population des frontières attendait d'un moment à l'autre l'invasion des Prussiens, et que dans plusieurs communes on demandait des armes aux autorités compétentes. Les témoins ignorent qui sont les auteurs de

ces bruits alarmants, ce sont les thèmes des conversations de ca-
baret, *des propos de couturières*, arrivés très-indirectement aux
oreilles des témoins.

Woltz. Ce témoin, fils du maire de Wœrth, évincé aux dernières élections, prétend que les républicains de Wœrth qui se sont
opposés à la réélection de son père, ont exercé une influence dé-
moralisatrice dans la commune. On rappelle au témoin quelques
termes de sa déposition écrite, il déclare qu'il entend mal le français.

Wendling, maire et cultivateur à Wœrth, ne sait rien d'important sur cette affaire.

Erny, sergent de police à Wœrth.

Aux environs du 14 juin, on s'est adressé à lui et même à sa
femme pour avoir des fusils.

L'audience est suspendue à midi.

La cour rentre en séance à une heure et demie.

Beneke (Antoine), voiturier à Haguenau. Il a rencontré sur la
route de Strasbourg, Schnepp en uniforme et en armes, accompagné de deux gardes nationaux sans armes, deux fusils suivaient
sur une petite voiture. Il représente Schnepp comme un homme
simple d'esprit.

Florentz (Joseph), de Bischwiller. Le 14 juin, le témoin a entendu le nommé Volkskrüger dire à sa voisine qui allait faire la
soupe : « Que voulez-vous faire la soupe? Savez-vous seulement
si c'est vous qui la mangerez. Avant demain tout sera lâché.

Schnell (Abraham), boucher à Bischwiller. Il a entendu dire
que bientôt tout se lâcherait en France, qu'on se mettrait après
les riches canailles, et que les rouges auraient le dessus.

Dittmann (André), menuisier à Bischwiller. Le nommé Volkskrüger est venu demander chez lui un moule à balles. Il ne sait
rien de plus.

Vœlkel (Jacques), maire de Bischwiller. Quatre citoyens de
Bischwiller, parmi lesquels M. Heck, viennent me témoigner le
désir d'aller à Strasbourg en armes. La même émotion régnait
à Bischwiller et à Strasbourg et pour les mêmes causes, cependant, il les engagea à attendre des nouvelles précises et ils sui-
virent ce conseil. Heck lui aurait dit qu'il avait reçu avis de se
rendre à Strasbourg. Le citoyen avocat-général fait observer aux
jurés que Heck a reçu l'ordre d'aller à Strasbourg; il y avait donc
des ordres. Pardon, monsieur, s'écria le maire, je n'ai pas dit
ordre, j'ai dit avis ; ce qui est bien différent.

Heck, pharmacien à Bischwiller. Le témoin a eu des relations
électorales avec plusieurs accusés et il a reconnu en eux de nobles citoyens uniquement préoccupés du bien général. Il a su
par le conducteur de la diligence de Strasbourg qu'on battait la
générale en ville. Plus tard, le bruit courut que le sang coulait
dans les rues de Strasbourg. Les nouvelles les plus absurdes

étaient accréditées et il y eût une réunion à la Pomme-d'Or, pour discuter la question de savoir si les républicains de Strasbourg n'allaient pas être massacrés par les réactionnaires. On témoigna le désir que quelques citoyens allassent jusqu'à Strasbourg demander des nouvelles précises. Schnepp arriva et fit part des bruits qu'il avait recueillis, on résolut alors de s'en référer à l'autorité municipale et de lui témoigner, au nom de la population, la crainte que M. Louis Bonaparte ne tentât de se faire proclamer empereur. Le maire conseilla d'attendre encore et ce conseil fut suivi. Le témoin n'a reçu ni ordre ni avis de Strasbourg. En parlant d'avis au maire, il faisait allusion à l'arrivée de Schnepp.

Huguenet (Louis), fabricant à Bischwiller. Le témoin pense que Bischwiller n'attendait qu'un signal pour aller porter la guerre civile jusqu'au sein de Paris.

Ostermann, propriétaire à Bischwiller. Il a vu un attroupement qui demandait des armes et réclamait la générale.

Lembling (Frédérick) père a accompagné Heck auprès du maire, et l'a entendu lui demander s'il ne fallait pas aller à Strasbourg. Heck était très-convenable et ne lui a nullement paru disposé à troubler en rien la tranquillité publique.

Gsell (Frédéric) a entendu Heck dire au maire qu'il fallait défendre la Constitution et l'engager vivement à distribuer des armes, le maire a répondu qu'on lui passerait plutôt sur le corps que de faire livrer un seul fusil.

Schmidt (Louis), à Bischwiller, a entendu Heck demander des armes au maire; il a ouï parler d'une fusée qui devrait donner un signal, mais il n'a pas eu peur le moins du monde de ces propos.

Kuntzel (Louis), même déposition que les témoins précédents.

Angoulvent, capitaine au 37e de ligne à Strasbourg. On a signalé au témoin un homme sur la frontière qui distribuait des proclamations qui ont été saisies à la douane.

Le cit. président. On va procéder à l'audition des témoins cités à la requête des accusés.

Me Louis. Nous n'avons pas l'habitude de faire entendre les témoins à décharge pour détruire des charges qui n'existent pas, les témoins entendus jusqu'à présent ont pu facilement remplir l'office de ceux qui avaient été assignés à la requête de la défense. En conséquence, je déclare que tous les accusés renoncent à la déposition des témoins cités à leur requête. (Vive sensation.)

Le citoyen président, sur les conclusions de Me Louis, prononce un arrêt par lequel la cour, après avoir délibéré, donne aux accusés acte de leur désistement et décide que les témoins à décharge ne seront pas entendus.

L'audience est renvoyée au lendemain matin à 11 heures, pour entendre le réquisitoire.

M⁰ J. Favre élève sur cette heure tardive une réclamation fondée sur l'urgence de sa présence à Versailles, pour y défendre un accusé.

Le *cit. avocat-général* annonce que n'étant pas suffisamment préparé, il a besoin de se recueillir et insiste pour la fixation de l'audience à 11 heures.

Cette heure est maintenue.

FIN DE L'AUDITION DES TÉMOINS.

Le Rédacteur-Gérant, E. QUESNE.

Metz. — Imp. de J.-P. TOUSSAINT, place d'Austerlitz, 28.

COUR D'ASSISES DE LA MOSELLE.

Présidence du citoyen P. GRAND, conseiller.

Audience du 21 octobre 1849.

La cour entre en séance à 11 heures 10 minutes.

La parole est au citoyen avocat-général pour prononcer son réquisitoire.

Messieurs les jurés, arrivés au terme de ces longs débats, la sérieuse et patiente attention que vous avez apportée à l'examen des circonstances qui se sont déroulées devant vous vous a permis d'apprécier le caractère des faits. Qu'est-ce que vous ont appris ces débats? serait-il vrai qu'il ne s'est rien passé à Strasbourg et dans les localités environnantes? serait-il vrai que les faits qui ont marqué le milieu du mois de juin, à Paris, n'aient pas eu de retentissement à Strasbourg? que tout y soit resté calme et que les faits qui font l'objet de ce procès se soient résumés dans une conférence convenable et polie, et dans la résolution de constater par une revue le dévouement à la Constitution. Le gouvernement et ses agens, croyez-le bien, sont très-peu disposés à donner de l'importance à des faits qui ne sont pas importants. Ils seraient heureux, je le répète, de penser que rien ne s'est passé qui ne fût de nature à donner de nouvelles garanties à l'ordre et à la société.

Mais non, nous n'avons pas ce bonheur! nous ne pouvons ajouter foi aux protestations de ces accusés qui croient avoir le privilège de défendre avec plus de ferveur que nous la République et la Constitution.

Nous ne pouvons croire que Messieurs...., pardon, que les citoyens Montagnards n'avaient pas eu d'autre intention que d'assurer l'inviolabilité de l'ordre.

Quoique les débats, nous l'avouons, aient modifié d'une manière notable l'instruction de ce procès, ils n'ont pas cependant détruit les faits. S'ils ont eu pour effet de modifier notre langage, il n'en est pas moins vrai que des tentatives coupables aient eu lieu, sinon définitivement, du moins conditionnellement.

Nous croyons que des faits ont eu lieu qui avaient pour but le renversement du Gouvernement, et que les nouvelles arrivées à Strasbourg que l'insurrection avait échoué à Paris, a inspiré aux accusés la pensée prudente de mettre un terme à leur téméraire

5

entreprise; tout fait penser en effet qu'un vaste complot a été organisé en France par le parti démocratique; que ce complot préparé de longue main, par les journaux, par les discours parlementaires, allait éclater à Paris, quand les mesures énergiques du gouvernement l'ont sapé dans ses fondements. C'est ce complot qui fait l'objet du procès que l'on juge en ce moment à Versailles.

Peut-on contester, en examinant les pièces du procès, qu'un mouvement insurrectionnel a été sur le point d'éclater à Paris, qu'un mot d'ordre était parti de Paris pour allumer l'incendie sur tous les points de la France? Il faudrait pour cela, fermer les yeux à la lumière, se refuser à l'évidence. Et les Montagnards ne seraient-ils les premiers à rire de notre aveuglement si nous faisions autrement.

Si vous avez examiné les pièces de ce grave procès, vous avez dû apprécier à quelle grande catastrophe a échappé en juin, non pas le gouvernement, mais la France.

La révolution allemande, le mouvement insurrectionnel qui venait d'ensanglanter le Palatinat et le duché de Bade avaient excité le parti démocratique et les affaires d'Italie étaient venues lui offrir un prétexte meilleur pour agiter la France.

Le citoyen Ledru-Rollin a pris le soin de nous apprendre lui-même à Bourges, comment on fait les révolutions, on exploite habilement un prétexte et la révolution se fait, par un coup de main.

Le *cit. avocat-général* passe en revue les différents prétextes qui ont provoqué l'agitation des parties dans l'année qui vient de s'écouler. La Pologne, prétexte de la journée du 15 mai; le droit au travail, prétexte de l'insurrection de juin, il montre la solidarité républicaine, organisant la destruction de la Constitution, et prétextant la défense et le maintien de la Constitution pour arriver à son but; criant vive la Constitution pour la renverser avec plus de facilité.

Il montre le parti montagard renforcé par les élections de mai, toujours en minorité, mais en minorité formidable, forte et disciplinée.

Le *cit. avocat-général* développe l'histoire parlementaire de la France depuis les premiers jours de l'assemblée législative jusqu'au 15 juin dernier. Il voit dans les discours des orateurs républicains, dans les articles des journaux de la démocratie, les traces d'un complot qui doit aboutir, à un jour donné, à une nouvelle et terrible révolution.

Il dépeint la Montagne, retranchée derrière la légalité et faisant retentir du haut de la tribune son premier cri de guerre, guerre d'extermination qu'elle a déclarée au gouvernement et à la constitution. Ce sont d'abord les interpellations du 8 juin, puis la demande de mise en accusation des ministres, demande bientôt suivie de cette menace, jetée comme un défi à la face de la majorité :

que la France saura défendre sa constitution, même par les armes.
Puis il fait entrer en scène, au moment où le drame se dénoue, le
cortège des journaux socialistes ne prenant même plus la peine de
déguiser sous des phrases obscures les projets d'insurrection qui
germent dans l'esprit des audacieux montagnards.

Il déroule cette longue suite de correspondances qui va porter
d'un bout à l'autre de la France le mot d'ordre du soulèvement.

C'est alors qu'il fait voir le Démocrate du Bas-Rhin ouvrant ses
colonnes aux articles propagés par les journaux de Paris et par la
correspondance de Paya, et préludant par une propagande active
à ce mouvement du 14 juin qui aurait peut-être monté de ville en
ville comme un torrent dévastateur jusqu'au siège du gouvernement,
si le général Changarnier n'avait pas coupé avec le sabre de ses
cuirassiers, cette longue file *d'insurgés* serpentant sur les boulevards
sous les apparences d'une manifestation pacifique.

Peu satisfait de l'évidence des charges accumulées par l'accusation, le citoyen avocat-général va feuilleter le dossier de la haute
cour de Versailles et en détache une longue suite de lettres qui,
adressées de Paris à Châlons-sur-Saône, Grenoble, Lyon et autres
villes du centre et du midi, doivent prouver qu'une correspondance
active était établie entre Strasbourg et Paris.

Le *cit. avocat-général* fait voyager avec lui Messieurs les jurés de
Charleville à Rouen, de Céret à Arles, de Louhans à Perpignan où
vient de tomber comme une bombe la lettre du citoyen Etienne
Arago commençant par ces mots : « Amis soyez prudents, ne
faites rien, même si des bruits d'insurrection pouvaient circuler
chez vous » et finissant par cette devise populaire des papiers à
cigarettes : *upa mignons alert*. Ce qui traduit du basque en français
veut dire à peu près : mes garçons garde à vous !

A la suite de tous ses faits dit-il, des poursuites sont commencées
dans toutes les cours d'appel de la République ; mais c'est surtout à
Lyon et à Strasbourg que les effets du parti démocratique dé-
ployaient la plus grande activité. En effet : Lyon, c'est la route
d'Italie, cette ville offre un passage facile à la propagande qui va
s'élancer de Paris pour aller soutenir et renforcer l'insurrection de
Rome et du Milanais. A Strasbourg, les montagnards trouveront une
population qui, égarée par le socialisme a envoyé à Paris des représentants dont le caractère, la tenue, le costume étaient un scandale
pour la France.

Strasbourg malgré sa réunion volontaire à la France a toujours
conservé les mœurs allemandes, (vifs murmures au banc des témoins)
à raison de ces anciennes habitudes, Strasbourg s'intéresse toujours
et avec raison aux évènements de l'Allemagne méridionale. A Dieu
ne plaise que nous nous en plaignons, ajoute-t-il, mais Strasbourg
a toujours conservé des relations intimes avec Bade et le Palatinat.
Dans cette situation, les efforts du socialisme devaient se porter sur

ce point. Bade était en insurrection, le Palatinat secouait le joug
de la monarchie, il y avait un intérêt immense à se poser fortement à Strasbourg comme à Lyon route de l'Italie. A Lyon, le
sang a coulé ; à Strasbourg, grâce à Dieu, il n'en a pas été ainsi,
mais sans la dépêche qui calma l'effervescence du 14 juin, qui
pourrait prévoir quels malheurs la France aurait à déplorer.

Avant d'être Représentants, les citoyens Kopp, Beyer, Boch,
Anstest, Baudsept, Ennery et Commissaire assistaient aux séances
des clubs de Strasbourg. Depuis leur élection, ils ont figuré au
banquet des démocrates du Rhin ; ne doit-on pas en conclure,
demande le citoyen avocat-général, qu'il a dû, dans un instant
donné, exister une correspondance entre Paris et Strasbourg ;
l'accusation ne connaît, il est vrai, que des lettres d'amitié écrites
par plusieurs de ces citoyens, mais n'est-il pas permis de croire
qu'ils en ont pu écrire d'autres ?

Ici le citoyen avocat-général trace un sombre tableau des clubs
de Strasbourg ; il reconnaît que Küss a fait des efforts pour y
arrêter l'expression des manifestations séditieuses, qu'il peut jusqu'a
un certain point être excusé d'avoir flatté un jour les passions po-
pulaires afin d'éviter de plus graves désordres ; mais alors, ajoute-
t-il, il faut plaindre Küss, ce professeur si distingué, cet homme
d'un talent si remarquable, d'un caractère si noble, d'avoir été
obligé de recourir à de pareils moyens. Il doit en rougir aujour-
d'hui (explosion de murmures).

Le *cit. avocat-général* menace de requérir l'expulsion du public.

Après cette excursion dans les départements, dans le procès de
Versailles, et dans mille autres sujets étrangers à l'affaire qui
occupe la Cour et le Jury, excursion qui n'a pas duré moins de
quatre heures et demie, le citoyen avocat-général juge à propos
d'entrer dans la discussion des preuves du procès de Strasbourg. Il
passe en revue tous les faits de l'accusation et cherche à faire ressortir la culpabilité des accusés d'une série de circonstances que les
dépositions des témoins ont anéanties. Sur une interruption de
M⁰ Favre, qui ne pouvait laisser passer une erreur..... involontaire
plus grave que les autres, le citoyen avocat-général prie le défenseur de prendre note de ses inexactitudes et de les relever après le
réquisitoire, les interruptions lui étant particulièrement désagréables.

M⁰ Favre : En effet, car ce serait à chaque instant. Vous prenez
le contre-pied des débats sans quoi il n'y aurait pas de réquisitoire
possible.

Après s'être occupé dix minutes des accusés, le cit. avocat-
général adresse quelques mots au jury pour l'engager à condamner
les accusés. Rappelez-vous, leur dit-il, que les menaces qui viennent du dehors ne peuvent pas, ne doivent pas agir sur votre
esprit, la Justice vous protègera. Ne craignez pas non plus l'opinion
publique ; l'opinion publique dans ce département s'est prononcée

en envoyant à l'assemblée nationale une députation dévouée aux idées d'ordre et de modération. (Violents murmures.)

Après ce long réquisitoire, qui a duré cinq heures, prononcé d'un ton languissant et froid, comme une leçon dictée à l'avance, sans que l'orateur se donnât la peine de se battre les flancs pour colorer un peu les pâleurs de sa face inanimée ; l'audience est suspendue pendant dix minutes.

Après une suspension de dix minutes, la cour rentre en séance, la parole est à Mᵉ Favre, défenseur de Küss.

Mᵉ Favre, Messieurs de la Cour et Messieurs du Jury, ma première parole devant vous doit être une excuse, pendant ce long réquisitoire, il m'est échappé quelques mouvements d'impatience qui sont contraires à mes habitudes et que je regrette. Mais aussi, je l'avoue, je n'avais jamais entendu un pareil langage, jamais, devant moi, dans le temple de la justice, l'organe de la loi n'avait employé des termes, un système de procéder, si dignement couronné par ce sanglant outrage fait à votre dignité.

Prévoyant qu'une condamnation était impossible, il s'est écrié : l'acquittement, ce serait l'impunité.

Quoi ! où sommes-nous donc ! est-ce que l'enceinte de la justice est convertie en une arène politique, où l'on viendrait outrager ce qu'il y a de plus sacré au monde : le mystère de vos consciences ! et quand vous étendez sur les accusés votre main protectrice, sera-t-il permis de dire : nous nous voilons la face, et que Dieu protège la France !

Non, non ! de semblables paroles ne doivent pas passer sans être relevées. Est-ce là le respect de la loi ? et devait-on s'attendre à la voir méconnaître par celui-là même qui doit la protéger.

Dans un réquisitoire habile, qui a duré plus de quatre heures, — je m'en suis assuré sur l'instrument qui sert à mesurer le temps, — M. le procureur-général ne s'est occupé des accusés que pendant dix minutes. Il ne vous a pas épargné ses foudres préparées avant le débat ; et quoique le débat oral ait modifié profondément le débat écrit, M. le procureur-général n'a pas modifié son réquisitoire. Il n'a consacré que dix minutes au développement des charges qui sont personnelles aux accusés, et pendant tout le reste du temps il a promené votre attention d'un bout de la France à l'autre pour lui faire saisir çà et là quelques-uns de ces misérables indices dont il a surpris le secret à la correspondance intime d'un ami à un ami. Voudrait-on nous intenter encore des procès de tendance comme aux mauvais jours de la restauration, comme si nous étions encore exposés à les voir revenir ? Heureusement, vous étiez là, MM. les jurés, et vous prononcerez entre l'accusation et les témoignages qui sont venus la réduire à néant avec toute la sérénité d'une conscience incorruptible ; car, ainsi que l'a si bien dit M. le président à l'ouverture de ces débats, il ne faut pas que la justice puisse être mêlée à la politique.

Faut-il vous l'avouer? ce matin comme nous sommes entrés dans cette enceinte, nous avions pensé dans la simplicité de notre âme que le ministère public abandonnerait l'accusation parce qu'il aurait reconnu qu'elle était détruite par les faits qui se sont manifestés dans le débat. Elle s'était présentée avec un masque percé à jour ; nous avions la croyance qu'elle s'évanouirait devant la lumière éclatante de la vérité et que cédant en cela au magnétisme de l'opinion publique, M. le procureur-général avait déposé les foudres qu'il avait préparées.

Il nous l'a dit lui-même, le début avait modifié l'accusation et pourtant il vient de dérouler devant vous le long cortège de faits controuvés, de perfides insinuations péniblement accumulées pour les besoins du procès. Il n'a rien épargné, aucune partie de l'accusation n'a été abandonnée quand tous les témoins ont prouvé qu'il n'y avait pas de complot, qu'il n'y a pas plus de complot que sur la main, comme est venu vous le dire, la main sur la conscience, M. Einburger, 1er adjoint de Strasbourg. Tous les témoins excepté cependant M. Carl; mais le procureur de la République, qui avait dirigé les poursuites ne pouvait pas désavouer son propre enfant, il devait le tenir sur les fonts de baptème.

Et ces témoins ce ne sont pas des va-nu-pieds, des gens sans aveu, c'est le général commandant la division, c'est le maire, le colonel, le Préfet, d'honorables professeurs, tous les commandants de la garde nationale. Et c'est après quatre jours de débats, quand tout l'échafaudage des preuves accumulées par l'accusation, s'est bruyamment écroulé au contacte de la vérité, qu'on a eu le triste courage de venir rappeler ce qui a été écrit dans l'instruction.

Oh! c'est pour nous un objet de douloureux étonnement que d'avoir vu la Justice entraînée par le mouvement politique, s'associer aux égarements de l'esprit de parti et décimer la population pour l'offrir en holocauste à la réaction.

Nous voudrions pouvoir écrire d'un bout à l'autre cette admirable plaidoirie, cette expression sublime du sentiment démocratique dans ce qu'il a de plus noble et de plus pur. Mais comment fixer de telles paroles sur le carnet du sténographe, quand l'émotion paralyse la main, quand les larmes troublent la vue ? Nous n'avons pu qu'écouter ; nous avons recueilli les pensées, mais ce serait une témérité, ce serait une profanation que de travestir avec des habits d'emprunt ce style mâle et poétique, cette éloquence harmonieuse comme la lyre de Chateaubriant.

Nous allons seulement essayer de suivre dans un compte rendu succinct, le cours de cette admirable défense. Nous en marquerons les points principaux et quand, par hazard, d'un vol prompt, une phrase, un mot, traverseront notre mémoire, nous essaierons de les retenir. Heureux si, en les enchaînant au milieu d'un récit vulgaire, ils gardent un dernier vestige de leur imposante majesté.

M° Jules Favre loin de regretter l'arrêt qui renvoi les accusés devant la Cour d'assises de la Moselle, bénit au contraire, la Cour de cassation qui a placé les accusés en présence du jury de la Moselle, en présence d'un jury français; car l'acquittement est inévitable.

L'orateur entre ensuite de plein-pied dans l'historique de l'instruction judiciaire. Il montre d'abord le procureur Carl indifférent à toute pensée d'attentat, se préoccuper uniquement des articles du *Démocrate*, et poussant de toutes ses forces à un procès de presse.

Le *cit. Carl* demande la parole. Oh! ne vous pressez pas de me répondre s'écrie M° Favre, car votre nom sortira souvent encore de ma bouche dans le cours de cette affaire. Donc, M. Carl voulant pousser à un procès de presse, cherche déjà à distraire les accusés de leurs juges naturels, du jury de l'Alsace : il craignait un acquittement! Un magistrat qui craint un acquittement! est-ce là le langage des officiers de la justice. Comment! ils craignent que le verdict ne proclame l'innocence.

Certes! tous les jurys sont égaux; mais il importe à l'accusé de paraître devant les hommes qui connaissent sa vie; de se présenter à eux avec le parfum de sa bonne renommée qui s'évapore dans le trajet d'une ville à une autre. La question n'est donc pas dans le choix du jury, elle gît toute entière dans l'acte du renvoi même. Pour justifier le renvoi d'une cour à une autre il faut des motifs, la loi l'exige; sur quels motifs s'appuie le procureur-général? l'arrêt ne les montre pas. Tout cela est détestable! il faut le dire bien haut, tout cela est déplorable! La magistrature a fait ce que M. le président de la cour d'assise a condamné dès l'ouverture des débats, elle a introduit la politique dans le sanctuaire de la justice.

Ce n'est pas ainsi que la loi doit être entendue; ce n'est pas ainsi qu'elle sera respectée.

L'orateur ne s'arrêtera pas au seuil de cette grave question; il ira jusqu'au bout, car sa mission est sainte et sacrée.

Quoiqu'il lise au nombre des signatures qui accompagnent l'arrêt de renvoi un nom qu'il respecte, qu'il vénère, il lui sera permis de dire que nous sommes dans des jours où les partis sont changeants, il lui sera permis de dire que plus on est haut placé dans la hiérarchie de la justice, plus aussi l'on doit donner l'exemple du respect des lois. S'il revenait à la cour de cassation que le dernier juge de paix de France n'ait pas motivé un arrêt, elle déverserait sur lui un juste blâme, car au-dessus de la magistrature il est un principe qui commande de motiver les arrêts. Ce principe est la garantie de ceux qui souffrent et sans lui la liberté ne manquerait pas d'être gravement compromise. N'est-il donc pas permis de déplorer que la cour suprême se soit mis ainsi au-dessus de la loi qu'elle a pour mission de faire respecter.

C'est ainsi cependant que les accusés sont venus devant le **Jury** de la Moselle et il était indispensable qu'ils y vinssent, parce qu'à Strasbourg ce procès ne se serait pas même soutenu. A Strasbourg il ne se serait pas trouvé un Magistrat, un seul qui eût osé soutenir que les accusés ont formé un complot, car s'il y a eu complot entre 6 hommes, il y a eu complot entre 10,000; un témoin l'a dit.

La cour de cassation a renvoyé, par un arrêt inique, les accusés devant le Jury de la Moselle, c'est un motif de plus pour le Jury de la Moselle de prononcer l'acquittement, car ce Jury ne peut se faire l'instrument aveugle de l'esprit de parti.

M. le procureur-général s'est efforcé en vain de relever une accusation qui chancelle; le souffle qui la retient est bien faible; elle n'a plus que quelques heures de vie, et si l'orateur en parle encore, c'est qu'il ne peut laisser planer plus longtemps sur une grande et noble cité ce soupçon qu'elle ne serait pas profondément, unanimement dévouée à la République démocratique.

M. l'*avocat-général* qui s'est montré si riche en développements, qui a fait beaucoup voyager le jury dans cette longue pérégrination qu'il s'est permise, a totalement oublié le point principal du procès; il n'a pas montré comment il y avait eu complot. Qu'est-ce en effet qu'un complot? C'est la résolution arrêtée de faire une entreprise ayant pour but de renverser le gouvernement; une résolution condensée entre plusieurs personnes, et qu'on puisse lancer comme un trait contre les pouvoirs établis; une résolution arrêtée d'agir dans le but de renverser et fondée sur des moyens positifs; car sans moyens de réussir, il n'y a plus de complot.

Le complot peut se faire comprendre par la définition légale et par des exemples. La définition légale c'est: une résolution arrêtée entre plusieurs personnes de renverser le Gouvernement. L'exemple? L'histoire en offre de nombreux et de très-célèbres: celui de Catilina, celui de Mallet. Plus près de nous, à Strasbourg même, dans cette ville où M. l'avocat-général s'efforce d'en placer un aujourd'hui, nous en trouverons un dans ce qui s'est passé en 1836. Alors il y a eu réellement une trame coupable. Qu'on se rappelle la procédure: conciliabule, embauchage, argent distribué, désertion de la troupe, arrestations, tout y était. Ce n'était pas un attentat fantastique, comme celui-ci, mais un attentat conduit, mené jusqu'à l'exécution.

Il faut, pour l'attentat comme pour le complot, qu'il y ait des actes patents, irrécusables. Ce n'est pas dans le camp des hypothèses qu'il est permis de se placer; ce serait trop commode d'un côté et trop dangereux de l'autre.

L'attentat, comme le complot, se circonscrit dans les débats, et on ne peut pas avoir le droit de venir, comme dans l'inquisition, fouiller les consciences des accusés; il faut des charges plausibles, en un mot, il faut donner des preuves.

L'orateur se demande où est la personne raisonnable qui ait eu la pensée de voir dans ces hommes, qui sont là, sur le banc des accusés, des artisans d'émeute, des conspirateurs réunis, liés pour renverser la république et la constitution.

Tout le monde le sait, MM. les Jurés le savent, dans quelle situation d'esprit on était à Strasbourg le 14 juin, après l'arrivée des premières dépêches. Est-il besoin, pour s'en rendre compte, de remonter au gouvernement provisoire? M. l'avocat général l'a donc oublié, lui magistrat de février!

Il vient dire que la Démocratie cherchait un prétexte, grand Dieu! quand tous les témoins sont venus affirmer que dès le commencement de juin on craignait un coup d'Etat. Il présente la violation de la constitution comme un prétexte et il ne veut pas tenir compte de l'état des esprits. Qu'il veuille bien nous dire si la constitution n'a pas été violée! Qu'il apporte dans cette enceinte son opinion de jurisconsulte, et je la discuterai avec lui. Puisque la question est posée, je n'aurai pas la faiblesse de la déserter. Nous serions vraiment d'étranges ennuques politiques, si nous devions nous effrayer de discuter une question de droit d'une si haute importance, si en face du suffrage universel, notre sauvegarde à tous, et alors qu'un modeste avocat a le droit d'examiner si tel article de nos codes est bien ou mal appliqué, il ne nous était pas permis de discuter cette question, quand il s'agit du salut de six accusés.

Tout doit être permis dans cette enceinte, continue l'orateur pour l'intérêt des accusés, pourvu que la discussion s'établisse avec mesure et dans des formes convenables. Il demande si en présence de l'article 5 de la constitution qui impose à la France le respect des nationalités; de l'article 53 qui interdit au pouvoir exécutif de déclarer la guerre sans consulter la volonté de l'assemblée nationale; du vote du 15 avril, qui a dit que la République romaine ne serait pas attaquée; de l'ordre du jour du 7 mai par lequel la majorité de la constituante invitait le ministère à ne pas détourner plus longtemps l'expédition du but qui lui avait été assigné; il demande si en présence de ces monuments augustes, de ces monuments politiques, il n'est pas évident pour tous que la constitution a été violée et n'est-il pas naturel que le cœur de la France ait douloureusement saigné en voyant que le sang de notre patrie, que le trésor de notre agriculture a rougi le sol étranger pour faire maudire le nom français.

Lorsque sous l'empire de ces nouvelles la France portait le deuil de ses plus chères espérances, lorsqu'elle voyait la majorité de l'assemblée soutenir le gouvernement dans cette voie désastreuse, n'est-il pas naturel que les inquiétudes les plus graves aient été justifiées par ce dédain qu'on avait affiché pour la constitution.

La manifestation qui a eu lieu à Strasbourg n'a pas eu pour but de venger la constitution. Non! c'était une paix armée pour montrer que l'Alsace avait la main sur la garde de son épée et qu'elle saurait défendre la République et la Constitution, cette loi majestueuse qui nous protège et qui nous guide ; cette loi qui dôit être respectée par les assemblées qui n'ont pas été baptisées par l'eau constituante. Ce n'est pas sans étonnement et sans douleur s'écrie Me Favre, que j'ai entendu M. l'avocat-général parler du procès de Versailles, chercher à faire d'une pièce arrachée à une procédure étrangère, une charge pour le procès qui se débat dans cette enceinte. Cela je ne l'ai jamais vu ! c'est inouï dans les annalles de la justice. Si dans les habitudes de la magistrature, il est une tradition repectée, c'est qu'un procès qui n'est pas jugé ne doit avoir aucune influence sur un procès qui est en jugement et pourtant, on a fait descendre dans le débat, des documents qui auraient dû y rester étrangers. On ne les a pas commentés et le commentaire c'était la lumière!.... la pièce, c'est le piège. Il n'y aurait pas d'accusés à Versailles, si la constitution avait été respectée, si la majesté du peuple n'avait pas été violée par le vote de l'assemblée législative. Ne serait-il pas désirable que la magistrature, dans la poursuite des complots fut plus sobre et qu'elle évitât ce terrain ardent où la politique vient se mêler à la justice.

Ce qui s'est passé à Paris au 13 juin n'a été peut-être que la protestation du droit qui a cru à sa puissance.

S'il en est ainsi, ne comprenez-vous pas qu'au 14 juin, les esprits pliassent sous le fardeau de l'anxiété ; ne comprenez-vous pas qu'on se rappelât un jour mémorable et qui vous dit que les murs de la citadelle ne frémirent pas d'un souvenir impérial ! Quand bien même, il n'y aurait pas dans le procès qui vous est soumis autant de preuves que les accusés n'ont pas eu l'ombre d'une pensée mauvaise, il serait impossible que vous prononçassiez une condamnation. De quelque part qu'elles vinssent, les condamnations politiques seraient dangeureuses. Les démocrates de 1849 répudient les sanglantes doctrines de 93, ils ne veulent pas de tyrannie ; ils veulent le développement des idées libérales par le progrès des lois, des institutions, par le triomphe de la raison sur les préjugés.

Ici l'orateur entre dans les détails de l'instruction ; il suit Küss dans les différentes démarches que l'accusation lui reproche. De quel droit allait-il à la préfecture ? demande le réquisitoire. De quel droit ? mais sous quel régime vivons-nous ? Est-ce qu'un préfet serait par hasard une idole qu'il faille encenser à plusieurs kilomètres de distance ? Est-ce que le préfet n'est pas un magistrat accessible pour tous ceux qui ont à recourir à son ministère. Et ce que Me Favre dit pour le préfet s'applique également au Maire. Si le préfet avait dit : j'ai des dépêches, voilà ce qui se passe, est-ce que la journée aurait eu lieu ?

Küss est appelé au bureau du *Démocrate* pour une affaire qui concerne un employé du journal ; là il apprend que deux dépêches sont arrivées, l'une disant Paris est tranquille, l'autre annonçant que Paris est en état de siège; mais l'état de siège, quoiqu'en dise M. l'avocat-général, est un fait grave, anormal; et il n'est guère probable que, mettant en pratique les vertus prêchées aux habitants de Strasbourg par M. l'avocat-général, les villes de France pétitionnent bientôt pour obtenir l'état de siège.

Dire en même temps que Paris était tranquille et en état de siège, c'était permettre de croire à cette population, à tant de droit soupçonneuse, qu'un coup d'état se préparait. Il y a eu de tout temps des écervelés qui ont rêvé les splendeurs de la monarchie : ils pensent qu'il faut des habits brodés, des chambellans; non-seulement on le dit, mais on l'imprime; mais le journal des débats a écrit : un changement de ministère est possible et peut-être quelque chose de mieux encore.

On se plaint qu'on ait voulu demander au maire de prendre des mesures; mais faut-il attendre que la maison soit brûlée pour éteindre l'incendie, et d'ailleurs, est-ce que le maire se plaint? l'accusation même ne peut sur ce point, comme sur les autres démentir la défense. Est-ce que ce n'est pas un bonheur que cette solidarité qui unit tous les citoyens d'une grande cité dans la pensée commune de se lever à la première alarme pour défendre l'ordre et la patrie? On dit que Küss a mis son uniforme! Oh! l'orateur a eu bien des étonnements dans les témoignages et dans le long réquisitoire de M. l'avocat-général; mais est-ce donc encore par dessus tant d'autres choses que la garde nationale ne serait plus française? qu'il serait dangereux de lui confier un poste, de moitié avec l'armée. Est-ce que la garde nationale serait si corrompue que son contact fut pernicieux pour nos soldats. Est-ce que la garde nationale n'est pas une armée intelligente? Est-ce qu'elle ne garde pas ses propriétés? la garde nationale, c'est le premier pas vers le développement de l'organisation intellectuelle et morale de l'armée.

On demande pourquoi les officiers vont à la mairie sans être convoqués; mais M. le procureur de la République non plus, n'a pas été convoqué et on le trouve à la mairie à côté de Küss. On n'a pas deux poids et deux mesures, ce qui est bon pour l'un, ne se trouve pas mauvais pour l'autre.

Après avoir passé en revue les faits si souvent répétés par les témoins et signalés par eux comme des faits d'ordre, Me Favre arrive à la visite au général Bougenel.

On se rend chez le général, dit-il: dans ce court trajet une personne marche à côté de Küss; c'était M. Carl, le procureur de la République. Et M. Küss lui aurait dit à brûle-pourpoint, sans provocation, sans motif: que si le général n'accordait pas les demandes qui allaient être faites, une insurrection épouvantable pourrait bien ensanglanter la ville. M. Carl a soutenu qu'il avait consigné ces expressions dans un procès-verbal qu'il aurait fait dès le lendemain, et cependant ce procès-verbal n'existe pas au dossier de l'accusation. M. Carl a reproduit une conversation intime; cela est fâcheux pour son caractère, et son action, qui est sans précédents, restera, Mᵉ Favre l'espère, sans imitateurs. Il n'a trouvé dans son cœur rien à répondre en faveur de l'accusé; mais il a trouvé dans son souvenir de quoi faire une surcharge à son réquisitoire. C'est là une moralité qui va aux consciences des jurés; non, non! MM. les jurés ne peuvent plus croire M. Carl: Küss n'a pas tenu ce propos!

La visite chez M. Bougenel a été aussi calme, aussi digne que cet officier général pouvait le désirer; les devoirs de son commandement ne lui permettaient pas d'agir selon le vœu exprimé par M. Küss, mais il fait entendre les paroles les plus rassurantes sur ses dispositions. Dès ce moment on se retire satisfait, dans le plus grand calme. C'est alors que le Maire reçoit la 4ᵉ dépêche; il en donne hautement lecture, et l'agitation cesse. La revue commence, les sentiments de la garde nationale éclatent en acclamations de dévouement à la Constitution, et la soirée s'écoule paisible et tranquille, embellie par la présence d'un sexe timide qui craint les révolutions.

Le 15, on a vu quelques groupes de gamins, on les a entendu crier Vive la Constitution; et il paraît que le 16, M. Sielberling a osé aller demander des nouvelles; il y a été, le criminel, avec ses amis, et le courrier de la malle-poste qui avait des occupations lui a tourné le dos; voilà tout le procès!

Ah! si: il y a encore ce drapeau rouge, qui était un drapeau tricolore, porté par un insurgé de 15 ans; mais il n'y a pas prescription, et, il est possible que M. le procureur général le poursuive encore.

Voilà tout! eh bien, où est le complot? On a dit à MM. les jurés qu'il n'y avait pas plus de complot que sur la main, et en effet: où est donc la résolution d'agir, dans un but déterminé, avec des moyens concertés d'avance. Ce crime aurait pourtant été puni de mort; mais ces Républicains, contre lesquels on répand tant de calomnies, ont brisé l'échaffaud politique, pour prouver qu'entre l'avenir et le passé, le précipice a été comblé par l'humanité et le Christianisme.

Aujourd'hui, il est suivi d'une autre mort, mort longue, douloureuse: la déportation. Et il serait permis à M. le procureur général de venir dire que l'acquittement serait l'impunité! Non, non! d'ailleurs où est le lien du complot? où est le concert entre les accusés? Nulle part; vous n'avez pas même les quatre lignes que vos prédécesseurs demandaient pour faire pendre un homme. Voilà comment vous demandez une condamnation! et quand on vous demande comment ces hommes, qui sont assis devant vous depuis cinq longues journées ont pu s'entendre, concerter des moyens d'agir, faire un complot? vous répondez, c'est évident.

C'est votre témérité qui est évidente, car on ne demande pas avec ce ton de dédain une peine de mort.

S'il n'y a pas attentat, il n'y a pas complot. L'attentat pour être consommé, il faut qu'il soit précédé d'un intérêt quelconque. L'accusation reproche aux accusés d'avoir voulu renverser la République ; mais dans quel but ? Quand Catilina conspirait, il voulait détruire la puissance des patriciens. Quand Mallet conspirait, il avait en vue le rétablissement des princes légitimes, mais vous accusez des républicains d'avoir voulu renverser la République ; mais, pourquoi mettre à la place ? On a parlé de comité de salut pubic ! Mais Silberling était inconnu de Küss, de Toulgoët, et peut-être des autres. Le défenseur comprend tout le bonheur de l'accusation à ce mot, car il faut avouer qu'il peut prêter un vaste champ aux sombres tableaux du réquisitoire. Cependant ajoute-t-il, je pourrais dire, s'il y avait discussion à cet égard : alors qu'on juge une époque, il n'est pas permis de n'en apprécier que les mauvais aspects, et il faut avoir la justice de reconnaître que si le comité de salut public a eu de mauvais jours, nous ne serions peut-être pas sans lui sous l'empire de la constitution qui nous gouverne.

Me Favre revenant plus particulièrement à Küss, lit un passage d'un journal de Strasbourg qui, cinq jours après les évènements du 14, signalait Küss à la vindicte publique.

Le 20, après la publication de cette infâme dénonciation, Küss était arrêté. Il leur fallait des victimes, et ils sont venus prendre à Strasbourg ce qu'il y avait de plus illustre et de plus respectable. Où trouver, en effet, une pareille réunion d'accusés accompagnés par un tel cortège de vertus ?

Küss est un enfant de l'Alsace, et il la représente dignement ; il en a la grandeur et la simplicité. Il est fils d'un homme qui, dans les armées républicaines, a versé son sang pour la patrie et pour la liberté. Il a appris de lui ce profond amour de la France qui fait la règle de sa vie et qui l'a amené devant le jury de la Moselle.

Il a appris de sa vénérable mère le culte des vertus de la famille, et les témoins vous ont dit qu'ils s'honoraient de son amitié. Et cela n'est pas étonnant, il a commencé par appliquer sur lui-même les premiers principes de la démocratie ; il a voulu s'élever par lui-même, par l'étude, par la science, par le travail. Mais il est des jours où l'artiste est forcé d'abandonner son ciseau, sa palette, sa lyre, où le savant quitte son cabinet pour ne plus songer qu'au salut de la patrie qui réclame tous ses enfants, surtout les intelligents et les forts.

Küss a compris que la France était sur le seuil d'une époque de développement et de rénovation, où il devait lui, faire le sacrifice de tout ce qui faisait le charme de sa vie, l'objet de ses études les plus chères. On prête à cet homme d'étude et de science l'envie d'abandonner sa chaire de professeur pour devenir préfet ; lui,

Küss ! quitter le domaine de la science , s'arracher à la contem-
plation de cette nature, qui lui dévoile les mystères de la création
et qui élève sa pensée jusqu'aux hauteurs sublimes où elle peut
converser avec Dieu, pour aller s'enfermer et se rapetisser dans
un cabinet de préfecture ! Non, Messieurs, non, vous ne connaissez
pas Küss. S'il l'avait voulu, toute l'Alsace le sait, il aurait été porté
le premier à la représentation nationale et il n'a pas accepté, et
depuis quatre mois il languit dans la souffrance, et ce fils qui
lui est né tandis qu'il dormait sur la dalle d'un cachot, a dû lui
être apporté dans sa prison pour y recevoir le premier baiser d'un
père et l'eau sainte du baptême. Oh ! cela lui portera bonheur !

Permettez-moi de vous le dire, Messieurs, dans la vie politique
il est des jours de dégoût, de désespoir, il est des moments où on
en vient à désespérer de la grandeur et de l'avenir de la patrie ;
aussi mon âme a bondi de joie, quand nous avons vu défiler à
cette audience, ces mâles figures des fils de l'Alsace ; quand ils
sont venus nous dire qu'ils étaient des hommes d'ordre à la condition que la constitution serait respectée. Cette noble contrée qui
s'est donnée à la France n'a pas été conquise, son amour est profond et sans arrière-pensée.

Que ces petits hommes d'état qui nous gouvernent viennent
voir ces militaires, ces magistrats, ces gardes nationaux unis dans
une sainte solidarité pour le respect de la constitution et l'amour
de la France ; et ils y trouveront ce profond enseignement que la
République est impérissable.

Le *cit. Carl* balbutie quelques observations relatives aux paroles
de M° Jules Favre et en appelle à la générosité de M. Küss , puis
il se retire.

M° Louis. MM. de la Cour et MM. les Jurés, l'admirable discours que vous venez d'entendre embrasse toute la cause, d'autres
paroles seraient inutiles ; la défense s'en référant aux dépositions
des témoins et à la plaidoirie de M° Favre, déclare renoncer à
la parole.

L'audience est levée à 7 heures et demie.

Audience du 22 octobre 1849.

La Cour entre en séance à neuf heures et demie.

Au commencement de l'audience, le *cit. président* vient poser
deux nouvelles séries de questions, savoir : *Tentative de tentative
d'attentat*, et provocation à un attentat par la voie de la presse,
lequel n'a pas été suivi d'effet.

La parole est au *cit. substitut de l'avocat général*, pour la réplique.

Le *cit. Briard* espère que les esprits, émus par la brillante plaidoirie, la suave mélodie de la parole de Me Favre, ne se refuseront pas néanmoins à l'évidence. On a reproché à l'instruction de s'être laissé entraîner par l'esprit de parti, ce reproche ne peut tomber sur le parquet de Metz ; ce n'est pas lui qui a dirigé l'accusation, mais c'est de grand cœur qu'il s'est chargé de la soutenir.

Dans l'ensemble des faits qui se sont déroulés dans les débats, il n'y a pas seulement un attentat, M. le président vient de donner un nouveau tour au procès en posant de nouvelles questions. Si le jury se prononce négativement sur la question d'attentat, il aura alors à s'occuper d'un délit de presse. Le citoyen Briard s'étend longuement sur la distinction légale et grammaticale à établir entre les mots attentat et complot, et il en arrive à cette conclusion que, s'il y a eu tentative d'attentat, même lorsque cette tentative n'a pas été suivie d'exécution, il y a crime d'attentat. Il n'est pas nécessaire que la tentative de renversement ait lieu à Paris, près du siège du gouvernement, l'attentat peut avoir lieu en province, témoin ce celui de 1836 à Strasbourg, que Me Favre a eu tort de rappeler dans son discours. Le principal auteur du complot a racheté ses fautes par la punition et par son admirable discours de Ham.

Le *cit. Briard* ne veut pas attaquer les précédents, l'honorabilité des accusés, il croit que les hommes les plus honorables commettent des attentats sans cesser pour cela d'être honorables. Il ne veut pas penser que les accusés aient été poussés par un mobile d'intérêt personnel, mais en dehors de cet intérêt, il y a le désir de faire triompher une cause à laquelle on a consacré sa vie. Il ne faut pas s'étonner que ces accusés, quoique républicains, aient voulu renverser la République, car il y a République et République, et l'on sait que les doctrines du *Démocrate du Rhin* sont les doctrines socialistes. Les rédacteurs du *Démocrate* sont donc des socialistes ; ils propagent les idées socialistes, Küss les signe, Dannbach les imprime, Laboulaye les soutient dans son placard, Toulgouët trouve que la République est pleine de républicains à l'eau de rose, Erckmann prononce du haut d'une tribune populaire que la démocratie n'est pas encore constituée en France ; Silberling, dans un club, parle sur le droit au travail, il veut qu'on règle les rapports entre les maîtres et les ouvriers, il blâme l'exploitation de l'homme par l'homme, c'est un socialiste. Il y a donc un lien entre tous ces hommes, et c'est là le lien du complot.

Il est vrai que les débats ont modifié l'accusation, mais dans le cas où MM. les jurés ne pourraient pas trouver dans les faits qui se sont produits à l'audience, les preuves d'un complot, comme il faut absolument obtenir une condamnation, ils auront à punir un délit de presse.

Le *cit. président* : M⁺ Louis, vous avez la parole.

M⁺ *Louis*. Pourrait-il être vrai que l'incroyable accusation à laquelle nous venons répondre, d'après les dépositions si remarquables des témoins, n'ait pas été détruite par l'admirable parole de M⁺ Jules Favre. Les objections présentées aujourd'hui, qui ne sont que la pâle copie de celles présentées hier, doivent-elles nous inquiéter ? La défense est sans crainte sur les antécédents des débats.

Nous aurions persisté dans cette résolution que nous avions prise hier et qui aurait ouvert plus tôt aux accusés les portes de la liberté, de la vie ; mais M. l'avocat-général est venu vous demander une condamnation ; il est venu nous soulever un procès de presse dans le procès qui se débat devant vous. Mon devoir est de répondre. J'ai pris la résolution de vous faire connaître ces hommes qui sont devant vous. Je vais vous faire connaître Toulgoët. Mon client doit son existence à une famille noble de la Bretagne. Son oncle fut appelé à siéger à la Constituante, et plus tard à la Convention. Il était un de ces girondins dont il embarqua lui-même les tristes débris sur les côtes de la Bretagne. Son père, ancien militaire de l'empire, était un de ces héros que la Restauration illustra sous le nom de *Brigands de la Loire*. Soldat lui-même, aussitôt que son âge et ses études lui eurent permis d'entrer à l'Ecole militaire, il devint capitaine, fit les guerres d'Afrique et donna sa démission en 1844 pour se marier à Strasbourg.

M⁺ *Louis* montre ensuite Toulgoët participant pendant quelques jours à la rédaction du *Démocrate*; mais, ajoute-t-il, ce n'est pas seulement d'articles de journaux que je dois vous entretenir ; ce n'est pas par des articles de journaux que je veux faire connaître Toulgoët, c'est par un livre sérieux sur l'histoire des événements qui ont précédé le 1ᵉʳ janvier 1849. M⁺ Louis donne lecture d'un passage de ce livre, dans lequel Toulgoët résume les questions sociales dans ces trois termes : le travail, la propriété, la famille.

Ainsi Toulgoët proclamait dans un ouvrage sérieux cette trilogie sainte : le travail, la propriété, la famille, et pourtant voilà l'homme qu'on veut vous faire condamner pour avoir tenté de bouleverser la famille, de détruire la propriété. C'est un coup perfide mais maladroit, je dis maladroit, car vous comprenez que des procès dans le genre de celui-ci font le plus grand tort à la cause que vous prétendez protéger, et ajoute chaque jour de nouveaux prosélites au parti que vous voulez détruire.

Le Rédacteur-Gérant, E. QUESNE.

Metz. — Imp. de J.-P. TOUSSAINT, place d'Austerlitz, 28.

COUR D'ASSISES DE LA MOSELLE.

Présidence du citoyen P. GRAND, conseiller.

Suite de l'Audience du 22 octobre 1849.

Le parti républicain scindé jusqu'à présent en deux camps, et il faut espérer que désormais il n'en sera plus ainsi, avait formé deux comités électoraux représentant les deux fractions et portant tous deux le titre de Comité démocratique. Depuis les élections ces deux comités ont disparu ; l'accusation les cherche, M. le président les demande à tous les témoins et de 78 qu'ils sont, pas un ne peut les trouver. M. l'avocat-général d'aujourd'hui, plus ingénieux en cela que l'orateur du ministère public d'hier, a voulu vous le montrer aujourd'hui et comment veut-il vous le montrer ? Oh ! ceci est vraiment curieux ! il va le chercher dans la réunion d'affaires qui a eu lieu dans un salon public du Démocrate. Je ferai remarquer à M. l'avocat-général qu'il n'y a qu'un petit malheur, c'est que Toulgoët, et on l'a prouvé, n'a jamais fait partie d'aucun comité.

Nous ne permettrons jamais au ministère public quand il a la force de la loi à la main de dire : il est probable, il est possible, tant que vous ne direz pas cela est palpable... Le jury ne vous croira pas. Arrière M. l'avocat-général, arrière ces possibilités ; elles tombent devant la vérité. Moi je vous dirai il est faux ! il est faux ! jusqu'à ce que vous me prouviez qu'il est vrai.

Tout ce qui s'est passé a été vu avec le prisme de l'épouvante, de la terreur. Nous en trouvons la preuve dans ces commérages de distribution de poudre, de cartouches que personne n'a vues. Ces charges de fusil, permettez-moi de le dire, ajoute Mᵉ Louis, sont de véritables *charges* (rire général). Ces fusils, que l'on chargeait avec tant de précautions, selon les uns, tandis que selon d'autres, les gardes nationaux n'étant pas assez forts pour manier leurs fusils, s'adressaient à deux autres voisins pour tourner une vis. Qui a parlé de fusils chargés ? c'est Klippfel, qui a voulu se moquer de ce bon M. Schauffler, qui se voyait armé de pied en cap pour la première fois de sa vie (On rit.). Il y a eu des cris de gamins qui, heureux de conquérir leur liberté à la sortie de l'école, font éclater dans les rues la pétulence de leur âge. On a porté un drapeau où l'on n'apercevait plus que le rouge, à l'inverse des drapeaux officiels, où nous ne voyons plus ni le *rouge*, ni le *bleu*, où nous n'apercevons

6

plus que le *blanc* (Hilarité générale.). Le drapeau blanc n'est pas plus le drapeau de la France que le drapeau rouge. N'est-il pas dérisoire d'appuyer une accusation si grave sur la pointe d'un sabre, sur un hausse-col, un bonnet qui est une calotte, pour avoir quelque chose à relier avec le grand procès de Versailles?. .

Quand arriva la guerre sacrilège de Rome, il n'y eut dans Strasbourg qu'un cri d'indignation. Grâce à Dieu, Messieurs, cette indignation n'était pas seulement partagée à Strasbourg, et depuis le 13 juin vous avez vu les Jurys de la Meurthe, de la Meuse, de la Moselle acquitter les journaux qui s'en étaient faits les organes.

Le cit. président. Je ne sais pas si je dois laisser passer ce mot : Sacrilège, quand il s'agit d'une guerre dans laquelle nos soldats ont versé leur sang. Il ne faudrait pas accoler le mot sacrilège à l'expédition de Rome.

Mᵉ Louis. Quelque soit le respect profond que je professe personnellement pour M. le président des assises, je lui demande la permission de ne pas retirer le mot que j'ai employé. Je parle ici selon ma conscience ; je me demande si cette guerre n'est pas sacrilège quand le sang français a coulé pour une cause que la France repousse ; quand, d'après le rapport de M. de Lesseps, le siège qui ne devait commencer que le 4 a commencé le 3 ; quand notre armée a été dirigée contre une République qui est l'image et le reflet de la nôtre. Je me demande s'il ne faut pas employer un mot plus fort, — et je laisse ici de côté toute question de religion, — quand on a lancé l'une contre l'autre deux armées qui ne devaient confondre leur sang que contre un ennemi commun.

Mais entrons un instant dans les charges du procès.

Le 14 juin arrive à Strasbourg une dépêche qui annonce que Paris est tranquille malgré la manifestation qui vient de couvrir les boulevards, et tout aussitôt une autre dépêche apprend à la population que Paris est en état de siège. Les voyageurs, les courriers disent en même temps qu'il y a dans l'air quelque chose d'inconnu, de mystérieux, qui menace la République, et le télégraphe joue depuis le matin. Vous le savez quand le télégraphe joue exprès pour dire que Paris est tranquille c'est qu'il y a tout à parier que Paris est troublé. (Hilarité).

Vous habitez tous des localités différentes. Au milieu de vos occupations de la campagne, quelques-uns d'entre vous n'ont-ils pas été entretenus de nos craintes, qui, il faut bien le dire, n'étaient pas sans fondement. Eh bien, à Strasbourg, où l'on voit le télégraphe jouer, n'arrive-t-il pas à tout le monde de désirer savoir ce qui se passe, et ne faut-il pas aller pour cela chez M. le Préfet. M. le Préfet a refusé de dire ce qu'il savait, je le regrette ; car quand un premier magistrat peut manquer à son devoir, il peut arriver aussi que d'autres y manquent. Ici l'orateur passe en revue les démarches des accusés, les explique d'après les dépositions des témoins, et les justifie par la situation des esprits au 14 juin, telle que l'avaient faites les dépêches et les évènements de Bade et du Palatinat. En effet, ajoute-t-il, le canon prussien tonnait sur le Rhin, les assassinats juridiques épouvantaient les cœurs de ces nobles enfants de l'Alsace qui ne sauraient comprendre, eux les fils de la France, les sentinelles avancées de la civilisation française, qu'au 19e siècle, il y ait encore des hommes dont les actes seraient répudiés par les siècles de barbarie.

Et n'en avez-vous pas été témoins vous-mêmes ? A vos portes, à deux pas de vous, il y a quelques jours, trois martyrs ne sont-ils pas tombés sous les coups de l'absolutisme. C'est horrible à dire : les bourreaux voulant augmenter l'horreur du supplice, trois cescueils furent apportés ; quand la première victime y eut été couchée la deuxième fut frappée à son tour et placée palpitante encore dans la bière préparée pour la recevoir ; et la troisième, avant de mourir en soldat, put voir encore les convulsions de la mort agiter la face illuminée du martyr.

Voilà ce que pouvaient craindre les Strasbourgeois; quand la fièvre de l'inquiétude fait frémir les populations, est-il possible que pour les magistrats eux-mêmes, il y ait cette matérialité de complot qu'on veut imposer. Mais les magistrats chargés de dresser l'acte d'accusation l'ont bien senti : il leur fallait les preuves matérielles, le lien du complot ; aussi M. le procureur-général de Colmar écrit-il naïvement à M. Carl : « vous pensez qu'un mot d'ordre est arrivé « de Paris ; c'est précisément ce mot d'ordre qu'il serait important « de saisir. » Vite, on se met en quête; on se demande : vous ne connaissez pas le mot d'ordre ? Vous n'avez pas vu le mot d'ordre ? Non! connais pas! Et vous? Ni moi non plus. Mais, tranquillisez-vous, Messieurs, nous avons partout des magistrats très-vigilants, très-intelligents; la police de Strasbourg est dans le même cas, et pourtant on n'a rien trouvé. Le ministère public en veut cependant un, il le lui faut, et où va-t-il le chercher? A Perpignan, Messieurs...... Que voulez-vous, bon Dieu, que je fasse de Perpignan!

Un homme va de Hagueneau à Bischewiller, de Bischewiller à Strasbourg, voilà un nouvel indice. Oh vraiment! les hommes veulent se faire grands, ils veulent escalader le ciel, et ils tombent de toute la hauteur où ils cherchent à s'élever.

Des hordes d'insurgés partent de Hagueneau pour aller assiéger Strasbourg...., c'est vrai, je les vois,

« *Il en est jusqu'à trois, que je pourrais nommer:* »

Mais ne parlons que de Schnepp;

« *le reste ne vaut pas l'honneur d'être cité.* »

Schnepp, arrive à Strasbourg au bureau du *Démocrate*, qu'y vient-il faire? il paraît que la conversation était peu animée, car il dort (rire général) d'un profond sommeil dont on ne peut le tirer; nouveau Brutus, on lui crie : *Schnepp, tu dors, et Paris est peut-être dans les fers.* » (Hilarité à laquelle s'associe la cour elle-même.) Voilà ce conspirateur; ce pauvre fou politique. Peut-il en être autrement; il n'est pas de barbier qui ne doive s'en occuper; c'est nous qui le voulons ainsi : car lorsqu'on se fait soigner par eux, on aime à s'enquérir de nouvelles politiques. Ils doivent donc parler politique; mais il n'y a pas que des barbes *rouges*. Nous comptons aussi des barbes *blanches*, je ne parlerai pas des barbes *bleues*; il faut donc que le barbier se tienne au courant du numéro de la maison et qu'il fasse provision de nouvelles pour tous les goûts; voilà pourquoi Schnepp s'occupe de politique.

J'en ai fini avec le complot et l'attentat, je vais parler des articles incriminés. Le premier, celui qui commence par ces mots : « La patrie est en danger, » le jury de la Moselle l'a déjà acquitté le 20 août, dans l'affaire du *Républicain*. Quant à l'autre, celui dont Toulgoët s'est reconnu l'auteur, il a paru le 16, et on ne peut pas le poursuivre comme ayant provoqué à un attentat qui aurait éclaté le 14. Et on vient lui dire : — Tu es complice. — Mais je n'étais pas né. — « *Si ce n'est toi, c'est donc ton frère.* »

On sait que l'acquittement ne fera pas un pli. La clochette qui fait battre avec tant de force le cœur de l'accusé ne tardera pas à annoncer la justice du pays, et voilà qu'on vient vous apporter un procès de presse ! Oh ! tenez, cela est misérable.

Je dois finir par une considération qui me frappe :

Deux jours encore, messieurs, et nous arriverons à l'anniversaire des fêtes qui se célébraient dans la capitale de l'Alsace, à laquelle les frères du Rhin conviaient leurs frères des départements de l'Est. Il y eut un emblème salué par la France et l'Alsace, se donnant la main, désormais inséparables. Quel accueil, messieurs, cette population vous avait réservé à vous tous ! qu'ils étaient beaux ces instants passés !! Quel anniversaire voudrait-on vous faire célébrer aujourd'hui dans le département de la Moselle ! On vient demander contre Strasbourg une condamnation qui enlèverait des pères à leurs familles, des amis à leurs amis !...

Käss, en rentrant chez vous vous retrouverez cet enfant, l'objet de votre tendresse, qui, par ses gracieux sourires, vous fera oublier votre captivité. Mais vous, pauvre Toulgoët, il en est bien différemment.... Vos habits de deuil indiquent la perte cruelle que vous pleurez.... Toulgoët avait un fils qui était né pour être adoré, qui grandissait depuis quatre ans sous l'œil de sa tendresse et de celle de sa jeune mère. Toulgoët voit pour un moment ouvrir les portes de sa prison : son fils se mourait.... Il accourt; mais il n'était plus temps : l'ange était remonté au ciel....

Plaidoirie de Me Pistor.

Il y a des moments où il faut savoir garder le silence, sous peine de passer pour un homme d'une imprudence téméraire. C'est ce que je me suis dit après avoir entendu la magnifique plaidoirie de l'illustre orateur du bareau de Paris. Cette conviction s'est encore corroborée sous le charme des accents patriotiques de notre ami et confrère, Louis de Nancy. Cependant, M. le Président a eu la bonté de me communiquer les questions relatives aux divers accusés : il y en a un grand nombre qui concernent mon client Dannbach. J'en ai compté 21 principales sans les subdivisions, et je vous avoue que je n'ai pas compris, comment on a pu poser tant de questions pour dire toujours la même chose (rires).

Je vais répondre par deux mots :

Né dans le département du Bas-Rhin, je suis, malgré les mutilations de territoire et les trafics de nationalités survenus en 1815, alsacien de naissance; mais je suis aussi alsacien de cœur, et c'est à ce titre que je viens défendre devant vous, non-seulement mon ami Dannbach, mais encore et surtout les traditions démocratiques, sous l'empire des quelles il a été élevé, et auxquelles j'ai aussi, pour ma part, voué le culte le plus sincère, les sympathies les plus vives, l'attachement le plus absolu (assentiment). Veuillez vous transporter pour un instant avec moi au milieu de cette patriotique ville de Strasbourg, vous trouverez sur une place publique, un monument élevé dans le but d'éterniser la mémoire d'un homme, dont deux cités puissantes du Rhin, se disputent l'honneur d'être le berceau, je veux parler de Guttemberg, l'inventeur de l'art typographique.

En avant de la statue qui le représente et du côté d'où vient le soleil, s'élève un temple magnifique dont la flèche se perd, comme disent les chroniqueurs, dans les nuages. C'est d'après la candeur naïve du style de ces temps-là, un symbole des rapports incessants entre la terre et le ciel ; c'est la preuve la plus éloquente des aspirations indomptables vers un monde meilleur, aspirations qui relèvent les courages abattus au-dessus des misères humaines et apprennent à l'homme qu'il n'y a rien d'impossible pour le travail persévérant de ses mains, pour l'essor tout puissant de son génie.

La statue coulée en bronze tient un livre ouvert à la main et sur ce livre sont burinés les mots : *Fiat lux.*

C'est sous l'égide de cette parole que je place aujourd'hui l'imprimeur Dannbach, toute sa défense consiste dans l'explication de ses deux mots (assentiment au banc des avocats et dans l'auditoire).

Fiat lux, cela veut dire : *que la lumière se fasse*, que la raison triomphe des erreurs et des préjugés, que les progrès s'accomplissent, que la civilisation l'emporte sur la barbarie, que la discussion libre et indépendante remplace les combats matériels, les violences et les batailles sanglantes.

Que la vérité victorieuse contre le mensonge et l'imposture, surgisse de la comparaison des convictions contraires, comme l'étincelle physique jaillit du choc des corps matériels.

Ainsi vous voyez qu'en Alsace on a foi dans la toute puissance de la vérité : on y est convaincu qu'elle doit triompher par sa propre force ; elle n'a besoin de la protection de personne ; elle se révolte contre le secours des baïonnettes, des canons, des cachots et des procès en cours d'assises (Très-bien.)

La presse est un des moyens les plus efficaces, les plus indispensables pour la propagation des idées vraies et utiles. Car elles donnent à la pensée le triple caractère de la *fixité*, de la *vélocité* et de l'*universalité*.

Elle lui donne de la fixité ou de la durée car elle la transmet aux générations futures ; elle lui donne de la vélocité, car les imprimés voyagent avec la rapidité de l'éclair ; elle lui donne de l'universalité car la presse est comme un sol fertile, qui rend immédiatement avec usure et surabondance la graine qu'on lui a confiée. L'imprimeur est pareil au laboureur qui ouvre le sein de la terre pour recueillir la substance fécondante dont il retire aussitôt le produit, multiplié à l'infini.

Laissez donc la graine se reproduire librement au lieu de l'écraser dans son germe, permettez-lui de s'épanouir au soleil, elle a besoin de l'air et du soleil pour se développer.

Si vous voulez le triomphe de ce qui est juste et équitable, si vous voulez la paix, suivie de progrès et de prospérité, laissez subsister dans son culte la liberté de la presse, car si vous l'entravez dans l'accomplissement des devoirs que leur assignent la nature et l'histoire, vous aurez infailliblement le désordre, les conspirations et le soulèvement. (Bravos.)

Plaidoirie de Me Egelhard.

Par le rang comme par le mérite je suis le dernier de ceux que vous devez entendre. Je crains de ne pas réussir à me faire écouter encore. Pour soutenir ces longs débats, il aurait fallu, qu'à ce moment suprême, l'admirable orateur qui, hier, vous a si vivement impressionés, vous adressât les derniers accents de la défense et que vous procédiez à vos délibérations sous le charme immédiat de sa parole émouvante. Je vous demande pardon d'élever ici ma faible voix, je le fais malgré moi ; j'ai peur de troubler les échos de cette enceinte auguste qui retentissent encore d'une magique éloquence. Mais M. l'avocat-général me provoque, et vous comprenez que l'on accepte avec ardeur un pareil défi quand on soutient une aussi noble cause.

Mais avant d'examiner les charges si futiles portées contre M. Silberling, je tiens à rappeler un incident qui s'est produit dans le cours de ces débats et auquel ont donné naissance quelques paroles que j'ai prononcées. Au moment où M. l'adjoint Einburger venait de déclarer que, dans sa conviction, il n'y avait *pas plus de complot que sur la main*, il m'est échappé de dire que ce procès était tout à la fois ridicule et odieux. Je n'ai pu retenir ces paroles qui étaient comme le cri de ma conscience. Je ne sais si je dois demander qu'on me pardonne, mais certes j'ai quelques droits à l'indulgence. J'ai été contraint pendant six semaines d'abandonner et ma famille, et mes affaires, et ma patrie. Puis, un jour, on m'a dit: vous pouvez rentrer, il n'y avait rien contre vous, nous nous sommes trompés!... Ah, je crois pouvoir dire qu'il est bien naturel que je ressente au cœur une légitime indignation quand j'entends tous les témoins affirmer sur l'honneur qu'il n'y avait pas de complot, et quand je songe qu'un injuste procès a fait éprouver à mes amis de si cruelles souffrances, quand je me rappelle combien vivement j'ai été atteint. Mais le mal est fait aujourd'hui, il est irréparable; bannissons donc ces tristes souvenirs et réjouissons-nous, car enfin a sonné l'heure de la réparation et de la justice.

Le défenseur rappelle les antécédents de son client, il parle d'une prévention déshonorante qui a été dirigée contre M. Silberling et dont celui-ci a été non-seulement acquitté, mais qui lui a valu de la part même de ses juges une attestation de probité. Il discute rapidement les charges de l'accusation et termine ainsi :

Si ce procès n'avait pas eu, pour les accusés, des conséquences si douloureuses, je serais tenté de m'applaudir, car ils ont produit d'utiles enseignements. Ces débats ont fait connaître l'esprit de l'Alsace, ils ont mis au grand jour son profond et inaltérable attachement à la France et à nos institutions républicaines; ils apprendront aussi aux prétendants, quels qu'ils soient, que ces patriotiques populations résisteront à outrance au rétablissement de toute monarchie. Oui, je le déclare au nom de ma province chérie, si jamais l'existence de la République était menacée par un pouvoir parjure, nous n'hésiterions pas un instant à proclamer l'insurrection comme le plus sacré des droits, et le plus indispensable des devoirs ! (Applaudissements.)

Je termine: il n'existe pas de charges contre mon client, il ne saurait être coupable de participation à un complot qui n'a jamais existé. Il sortira vainqueur de toutes les épreuves qu'il a subies. Déjà le tribunal de Strasbourg lui a rendu l'honneur, ce bien suprême; le Jury de la Moselle, je n'en doute pas, lui rendra la liberté, qui lui permettra d'accourir auprès de sa famille trop longtemps délaissée, pour l'entourer de son affection et la soutenir de son travail.

Mᵉ Fleury, de Nancy, prononce quelques mots bien sentis en faveur des accusés Erckmann et Laboulaye. Il nous a été impossible de les recueillir.

Le citoyen Président prononce la clôture des débats :

Nous touchons au terme de nos travaux, au but où tendaient nos recherches; après des débats animés, des discussions vives, souvent passionnées, mais aussi très-brillantes. J'ai employé tous mes efforts pour dissiper l'ombre qui pouvait obscurcir la vérité; vous avez redoublé d'attention pour la trouver..... (M. le président analyse tous les arguments proposés par l'accusation et par la défense avec une lucidité égale à son impartialité.)—Ai-je été trop long? j'ai craint d'oublier ou de devenir obscur à force de concessions. Dans les crises politiques, vous savez que les partis sont impitoyables; mais, heureusement, ce ne sont pas les partis qui jugent les accusés, c'est l'opinion publique, c'est votre conscience; prenez-la pour guide, elle ne vous trompera jamais.

M. le Président donne lecture des questions. Cette lecture donne lieu à un incident dans lequel Mᵉ J. Favre prend la parole pour soutenir que le président des assises n'a pas le droit de poser des questions subsidiaires sur des faits déjà qualifiés dans l'arrêt de renvoi; que ce pouvoir ne s'applique qu'aux faits nouveaux, et demande acte de son opposition à la position des questions.

La cour donne acte et maintient les questions.

Après une demi-heure de délibération, le chef du jury déclare, au milieu du plus profond silence et d'une voix forte, l'acquittement des accusés.

Le Rédacteur-Gérant, E. QUESSE.

Metz. — Imp. de J.-P. TOUSSAINT, place d'Austerlitz, 28.

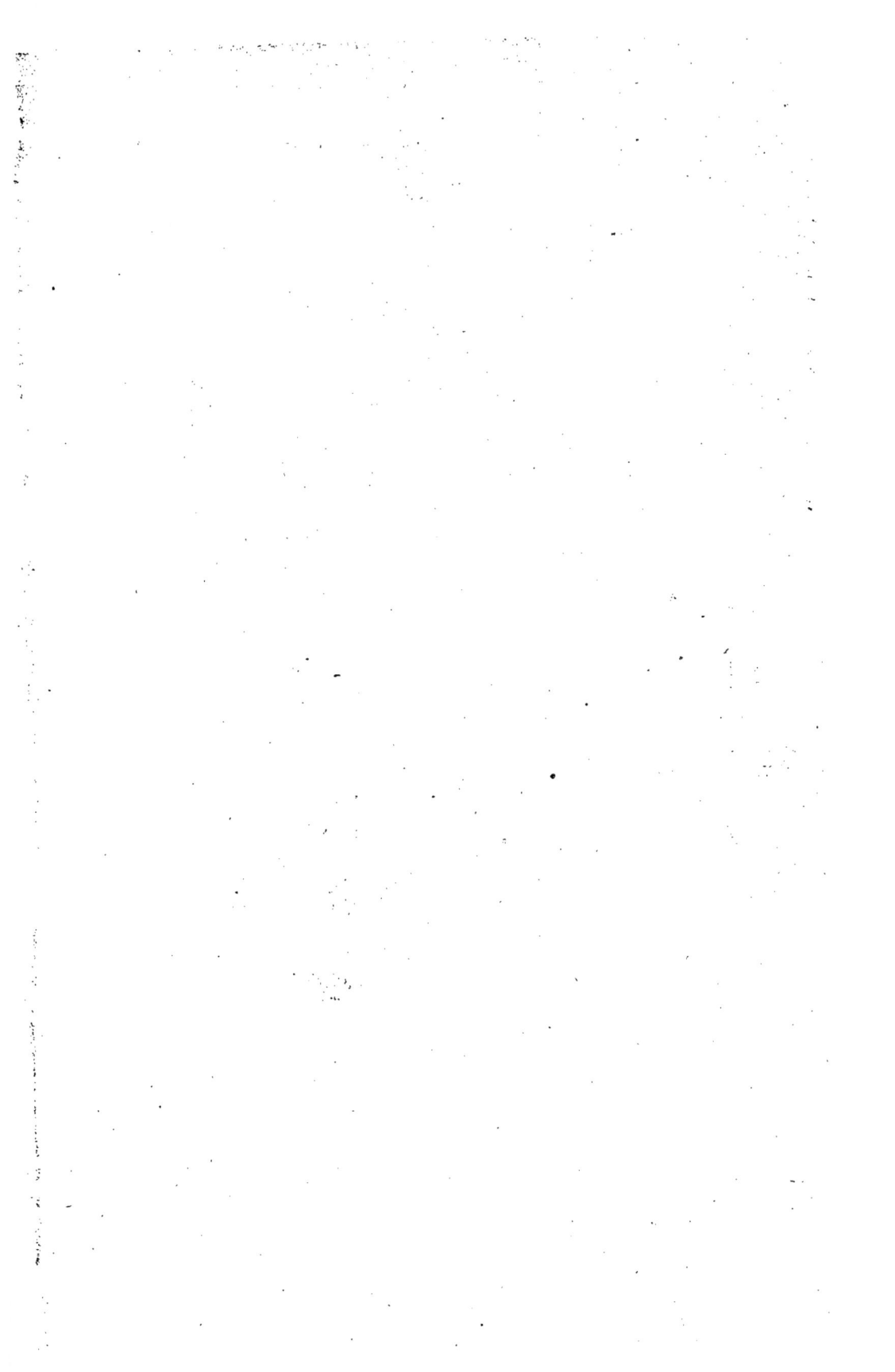